行列のできるインタビュアーの

聞く技術

相手の
心をほぐすヒント88

宮本恵理子

ダイヤモンド社

行列のできるインタビュアーの聞く技術

相手の心をほぐすヒント88

もっと話をしたくなる

チームボックス代表取締役
中竹竜二さん

「宮本さんのインタビュー時間はいつもあっという間。
個と個で向き合い語り合う、対等な時間が気持ちいい」

インタビュアーのとは??

安心感と
爽快感

CRAZY社長
森山和彦さん

「取材が終わると、
僕の話を受け取ってくれた
という安心感と、
言いたいことが伝えられた
という爽快感、満足感が
あるんです」

おもしろがり力が
すごい!

楽天大学学長
仲山進也さん

「自分が興味を持ったことを、
目をキラキラさせながら聞くから、
答える側もうれしくなって
話してしまうんです」

より良い自分に出会える

エール取締役
篠田真貴子さん

「話を聞いてもらっているうちに、
それまで気づかなかった大切なことを意識できるんです」

行列のできる「聞く技術」

温かな気持ちに

レオス・キャピタルワークス社長
藤野英人さん

「構えずに話していても、
最後にはシャープに
本質に達してしまう。
それも話し終えると
温かな気持ちになる。
ずるいですね」

素の自分を知れて
清々しい！

ヤッホーブルーイング社長
井手直行さん

「潜在的な核心部分が
現れる問いを的確に
投げてくれて、
自分でも気づかない
行動の核心を知れるんです」

はじめに

「話を聞いているつもりなのに、『ちゃんと聞いていない』と指摘される」

「人に質問をしないといけない場面が苦手。会話のコンプレックスを克服したい」

「仕事で面談をする機会が多いのに、うまくできている自信がない」

「人の話を聞く力を磨きたいけれど、何から始めていいのかわからない」

「日頃からインタビューを仕事にしているが、自己流でやってきた。ほかの人の手法を学んでさらに技術をブラッシュアップさせたい」


思い当たるところがありますか？

この本では、こんな疑問や悩みがある人に向けて「聞く技術」をお伝えしています。ぜひ目次に目を通して、気になるところから読んでいただければと思います。


本題に入る前に、私の自己紹介と、この本が生まれた経緯について少しだけお話しさせてください。

あらためまして、はじめまして。私はライターの宮本恵理子と申します。

2001年に新聞社系列の出版社に就職し、以来、インタビューを通じて「人の話を聞いて、書く」という仕事を続けてきました。

私が「聞く」に関わる仕事を始めて、今年はちょうど20年の節目になります。

出発点は、働く女性に向けた雑誌の特集記事の編集・執筆のためのインタビュー。「誰もが自分だけの物語を持っている」と確信できた原体験が詰まっています。

12年前にフリーランスとして独立してからも、未就学児のお子さんから90代の職人さん、芸能人やアスリート、アーティストやシェフなどの専門職、一般の会社員、学生、主婦（主夫）などなど、幅広い人を対象に、さまざまなテーマで話を聞く機会に恵まれてきました。

メディアで書く記事のために話を聞くだけでは飽き足らず、「個人にもインタビューを受ける体験を提供したい」という思いで、家族のための本づくりプロジェクト「家族製本」も始めました。

この夏からは、「NewsPicks」創刊編集長の佐々木紀彦さんに声をかけてもらい、人のストーリーに光を当てる新しいメディア開発にも参加しています。

私にとって、聞くことは未知の世界との出会いであり、自己発見であり、コミュニケーションです。

その魅力には限りがなく、知れば知るほど、経験するほどにハマっていきました。ああ、おもしろい、おもしろいと、「聞く」を楽しんでいるうちに、インタビューを通じて出会った方々から、「今度、本を出したいのですが、宮本さんに話を聞いてもらって、原稿の執筆をお願いできないでしょうか」と声をかけてもらうことが増えてきました。

なるほど。世の中には、本が書けるほどの経験や知識、思いはあるのに、自分で考えをまとめて原稿を書く時間や労力を割けない人がたくさんいるのだと知り、「ブッククライター」（この名称は、業界の大先輩・上阪徹さんによって確立されました）としても活動するようになりました。

その人の話を聞き、著者に代わって言葉にしていく仕事は、とてもやりがいのあるものです。

インタビューをしたことのある方から、「もう一度、話を聞きに来てください」と再び機会をいただけることがありがたく、「前回聞けなかった話をもっと深く聞かせてもらおう」と、一段と張り切ってインタビューに臨んできました。気がつけばこれまで話を聞かせていただいた人は累計2万5000人以上になりました。

著書のブックライティングを手がけた西村創一朗さん（HARES代表取締役、『複業の教科書』著者）から「インタビューの講座を持ってほしい」とオファーをいただいたのは2年ほど前のことです。

私は人前に出ることに臆病なタイプなので、「え？　私が？」と驚き、瞬間的におじけづいたのですが……。

「聞く技術について学びたいと思っている人、インタビューのスキルを磨きたいのに、誰にも習えなくて困っている人たちはたくさんいます。僕が運営を全部引き受けますのでお願いします！」と熱い説得をいただき、冷静に考えてみることにしました。

誰にも習えない――。
そうかもしれないな、と思い当たることがありました。

出版不況という言葉は、私が社会に出た時点ですでに日常的に連呼されていました。定期採用をやめる出版社が増え、私の古巣でも、私が入社した翌々年から新卒の定期採用を中止し、以後10年以上、復活しませんでした。
「新人記者が先輩記者の取材に同行する」「取材して書いた原稿を、先輩から真っ赤になるまで直してもらって指導を受ける」という教育の機会がどんどん少なくなっているという話を、あちこちで聞きました。
一方で、私はすばらしい先輩方に育ててもらって今があるという感謝の気持ちを募らせていました。恩返しをしようにも、会社組織を離れた手前、後輩を育成する機会のないことにジレンマを感じていたのです。

私なりにできる貢献があるのなら、という気持ちで引き受けた講座を告知してみると、なんと1日も経たないうちに定員が埋まりました。

以後、10期を超えて講座を続けてきたのですが、意外なことに、受けに来てくださる受講生は、インタビューを生業《なりわい》にするライターや編集者だけではありませんでした。カウンセラー、学校の先生、企業の広報担当者、リサーチャー、コンサルタント、司会者、オウンドメディアの運営担当者など……。

「管理職になったので、部下との面談に活かせるような聞く技術を学びたい」という方もいました。

「聞く技術」を磨きたいと思う人は、たくさんいるのだと驚きました。

また、「聞く技術」があらゆる場面で求められる時代であることも肌で感じました。

インタビューの講座では、受講生のみなさんから質問を受けたり、意見交換をしたりと、双方向のコミュニケーションを大切にしています。

「期待以上に細かいスキルを教えてもらえて大満足です。さっそく明日の仕事の機会に挑戦してみます」

「インタビューって思っていた以上におもしろくて、やりがいのあるものなんですね。

目からウロコでした！」
「仕事の相手はもちろんですが、家族との関わり方にも活かしたいと思いました」
「今すぐにでも、誰かの話を聞いてみたくなりました！」

そんな声を聞けるたびにうれしく思い、私自身がインタビューの価値を再発見できる瞬間の連続でした。

私はすっかり「聞く」ことに魅了され、気づけばゲストを招いてインタビュー技術について聞く公開勉強会を定期的に開催するほど、この探究にのめり込んでいました。

だから、これまで何冊もブックライティングの仕事を受けてきた編集者の日野なおみさんから、「聞くことをテーマにした本を出しましょう！」とご提案を受けた時には、自然と「受けて立つ」気持ちになれました。

引っ込み思案な私の性格よりも、「伝えなきゃ」という思いが勝ったのです。

話を聞くことで、初めてこの世に生まれる価値。

その価値を、誰かと一緒に味わえる喜び。

一人が聞く技術を磨くことで、豊かになる人生の数は無限に広がる。

そう、確信しています。


これまで、インタビューのスキルは属人的な技術だと捉えられていたかもしれません。「あの人だからできるのだろう」と諦めてしまう人もいたはずです。

いや、そんなことはないはずだという前提に立ち、私は「聞く」現場で起きていることの研究を重ねてきました。

講座ではできるだけ、一つひとつのアクションをすぐに実践できるよう、具体的なノウハウを抽出してお伝えしてきたつもりです。

本書では、講座で伝えてきた内容を中心に、私が人に話を聞く上で日々意識している心がけや、聞くことのプロである先輩方からいただいたアドバイスを、みなさんにお伝えしたいと思います。

実体験に基づく事例も交えながら、初心者でもベテランでも、すぐに実践できる技術を集めました。さあ、一緒に学びましょう。

行列のできるインタビュアーの聞く技術　目次

第1章

人生と仕事に効く「聞く技術」

第2章

「聞く力」を何倍にも膨らませる事前準備

第3章

話を聞き出す「環境」のつくり方

第4章

インタビュー開始5分で信頼してもらう

第5章

「聞く」がはかどるメモの取り方

第6章

質問せずに、本音を引き出す

第7章

オンラインで深く聞く7つのコツ

第8章

インタビュー企画書のつくり方

下調べしますか？／インタビュー中はどんな表情で聞いていますか？／話し手の緊張をほぐすためにしていることは？／心地よいインタビューのために発声練習は必要ですか？／話し手に共感できない時は？／相手が話したがらない内容を聞く時はどうすればいい？／話し手の気持ちが乗っていない時はどう対処する？／時間配分のコツは？／話の内容を確認して、話し手を怒らせてしまいました／記事には使えない話が続く場合、どう軌道修正しますか？／公開インタビューで気をつけていることは？／宮本さんの取材ノートを見せてください／取材に使っているＩＣレコーダーは何ですか？／深掘りしたいエピソードは、話の途中で質問する？／話を聞く時点で原稿の流れを決めていますか？／聞き手の思いが独りよがりにならないように意識していることは？／著名人の取材で、意外な言葉を引き出すには？／気持ちよく話してもらう相槌とは？／話し手の気持ちが高ぶったらどうする？／自分がすでに知っていることを質問する時、相手に失礼にならない聞き方はありますか？／謙虚で実績などを話したがらない人からどう話を引き出しますか？／「聞く」と「メモする」が同時にできません／緊張してしまいます。どうすればいいでしょうか？／定番のアイスブレイクはありますか？／インタビュー後、話し手に伝えて喜ばれたことは？／「オフレコ」がすばらしい内容だったらどうする？／インタビュー直後にすべきアクションは？／インタビューの内容をアウトプットする先がありません

第1章

人生と仕事に効く「聞く技術」

「聞き手」と「話し手」の間で生まれるコミュニケーション。

特別な職業の人だけが身につける特別なスキルではなく、社会生活を送るすべての人が日常的に体験しているもの。それがインタビューです。

私はたまたま、それを仕事にするチャンスに恵まれ、「人の話を聞いて書く」という仕事を通じて、そのおもしろさを知りました。

話を聞く機会を与えられたから出会えた人や、もっと深く知り、もっと好きになれた人がたくさんいます。

「この人の話をじっくり聞こう」と心を決めるだけで、相手との向き合い方は変わり、関係性はより豊かになっていきます。

ここで発揮されるのが、「聞く技術」。


このすばらしいパワーをたくさんの人に知ってほしい！

「聞く技術」を身につけると、どんないいことが起こるのか。

今、「聞く技術」の価値が高まっている理由はなぜなのか。

まずお伝えしたいと思います。

さまざまなシーンで役立つ「聞く技術」

「ライター」という肩書で仕事をしていると、「文章を書くのが好きなんですね」と言われることがよくあります。

正直、あまりピンときません。

寝食を忘れるほど書くことが好きで、次から次へと書きたいことにあふれていたら、私は作家を目指したでしょう。

ところが、私は内から湧き出るような「書きたい衝動」を感じたことがほとんどありません。創作の才能もありません。

にもかかわらず、私は毎日毎日、何かしらの原稿を書いては、それを読んでくれる人、どこかで発表してくれる人に渡しています。

なぜ、書くのか。

それは、私が聞いたからです。

誰かの話を聞く機会をいただき、とてもおもしろい話を聞けた。聞いたからには、世の中の人に伝えたい。

私の書く原動力の根源には、「聞くことを思い切り楽しむ」という行動があります。

2021年夏に刊行された『LISTEN 知性豊かで創造力がある人になれる』は、「ニューヨーク・タイムズ」などで活躍するジャーナリスト、ケイト・マーフィさんが「聞く力」について、文献と取材によるリサーチを重ねた探究の記録です。

この本では、いかに私たちが聞くことに不慣れで不勉強であるかが語られ、誰かを説得したり、交渉したりするのではなく、「積極的に聞く」ことで得られる人間関係の豊かさについて語られています。

では、「積極的に聞く」とはどういうことなのでしょうか。

それは、その人の言葉にじっくり耳を傾けて、言葉だけでなく、表情や仕草、その人の近くにいる人との関係性や過去の発言、時代背景など、あらゆる情報を総動員して、「言葉を超えて、目の前の人を理解する」ということではないかと私は思います。

言葉は便利ですが、万能ではありません。

饒舌《じょうぜつ》な人でも、自分のことをすべて表現しているとは限りません。

だから、聞き手の力で話し手の「本当に言いたいこと」を解きほぐしていく。話をしたくなるような環境を整え、事前の準備や事後のフォローをして、話し手が安心して心を開くための手伝いをする。

これが、「聞く技術」です。

聞く技術は、人生の、日常の、さまざまなシーンで役に立ちます。

職場での社内会議や顧客へのヒアリング、上司が部下の話を聞く面談、採用面接、商品開発のためのユーザーインタビュー、社内報を書くための社員インタビュー、さらには友人や夫婦、恋人、親子の会話など、公私を問わず人の話を聞くシーンすべてに応用できます。

最近では、上司が部下の話をじっくり聞く1対1の面談「1on1」を導入する企業も増えています。組織の中のカルチャー形成を重視する流れの中で、社員の話を聞き、記事にまとめて社内で共有しているという話もよく聞きます。

私が講師を務めるインタビュー講座でも、「仕事で話を聞く立場になったので受講しました」と話すマネジャー職や広報担当者が毎回のように参加しています。

また、ここ数年で、「会話を公開する機会」も急増しています。

オンラインセミナーが頻繁に開催されるようになったり、音声SNSが急速に広がったり。急速に会話がメディア化する中で、「会話の進行役（ファシリテーター）」にチャレンジする人も増えています。

聞く技術を磨くことは、新しいキャリアにつながる道を開拓する大きな可能性を秘めています。

そしてもちろん、私のようなインタビューライターにとって聞く技術とは、「書く仕事」の質を高めるスキルそのものです。

書く技術も重要ですが、それよりも大切なのは、書く前に中身の材料をどれだけ充実させるかということ。

同じ人に同じテーマで取材をしても、聞く技術次第で、引き出せる話はまったく違ったものになります。その技量を磨いていく視点をお伝えしていきます。

聞く技術は、あなたの人生と仕事を、もっと楽しく豊かなものにする。

私が約束します。さあ、始めましょう。

誰もが「語りたい物語」を持っている

私が「聞くこと」の魅力を最初に知ったのは、新卒で入社した出版社で配属された『日経WOMAN』という、働く女性向けの月刊誌の読者取材でした。

当時は、毎月の特集テーマごとに読者アンケートを取り、エクセルで回答データを共有して、取材に協力してくださる読者を探して、電話や対面で話を聞くのが日課でした。

多い日で5件くらい。相手は「働く女性」ですから、勤務時間外のお昼休みや終業後のお時間をいただいて、電話や対面で30分~1時間ほどお話を聞いていました。

転職や独立、一人暮らしのライフスタイル、結婚、出産、留学や資格取得、友人や親との関係など。月替わりのテーマに合わせて話を聞くのですが、「記者としてペーペーの私に、こんなにも話をしてくれるのか」と毎回驚くことばかりでした。アンケートの自由回答欄にびっしりと長文で体験談をしたためてくれた人にアポを取って会いに行くと、さらに深い話の続きをしてくれました。

おそらく、相手が家族や同僚のような近い関係ではなく、また「匿名取材」という条件だからこそ話せることもたくさんあったのだと思います。

記事を書くために必死な私は、一生懸命、相手の話を聞こうとします。すると、ますます深い話をしてくれました。

人生の大決断をするようなターニングポイントや、ずっと引きずっている後悔、恩人への感謝など、思い入れたっぷりに話した後は、みなさんスッキリした顔で帰っていきました。

「私の話が役に立つのかわかりませんけれど……」と肩をすくめる女性たちから差し出されるのは、その言葉とは裏腹の、壮大でドラマティックなストーリーでした。

「誰もが、『いつか、誰かに語りたい』と願う自分だけの物語を持っているんだな」と気づきました。

そして、そんな物語を受け取り、それを直接聞いていない大勢の人に届けるのがインタビューライターの役目なのだと理解したのです。

持ち帰った大切な話を、私はなんとか読者に届けようと原稿にまとめていました。

原稿が記事になり、雑誌が発行された後、「あの話を、あんなふうにうまく伝えてくれてありがとう」と取材に協力してくださった方からご連絡をいただくことが時々ありました。「自分の経験が、誰かの役に立つ形になって届けられてうれしい」と。

ホッとすると同時に、身が引き締まる思いがしました。

「きちんと届けるには、しっかり聞かないといけない」――。

こうして、私なりに聞く技術の試行錯誤と研究を深める日々が続いたのです。

誰のために聞くのか、〝受け手〟の代理人になる

ここから先は、人から聞いた話を記事などの形にして誰かに届ける時に必要になる心構えについて、お伝えしたいと思います。

インタビューの現場には「聞き手」と「話し手」がいます。でも登場人物は、実はもう一人います。それが、インタビューの内容を届ける相手、「受け手」です。

話を聞く場に姿がないので、つい、その存在を忘れてしまいがちですが、最終ゴールは「受け手」に情報を届けること。

話し手の物語を、受け手に届ける。

聞き手は両者の間に立つ、いわば「受け手の代理人」。この役割を見失ってはいけ

聞き手の役割は何？

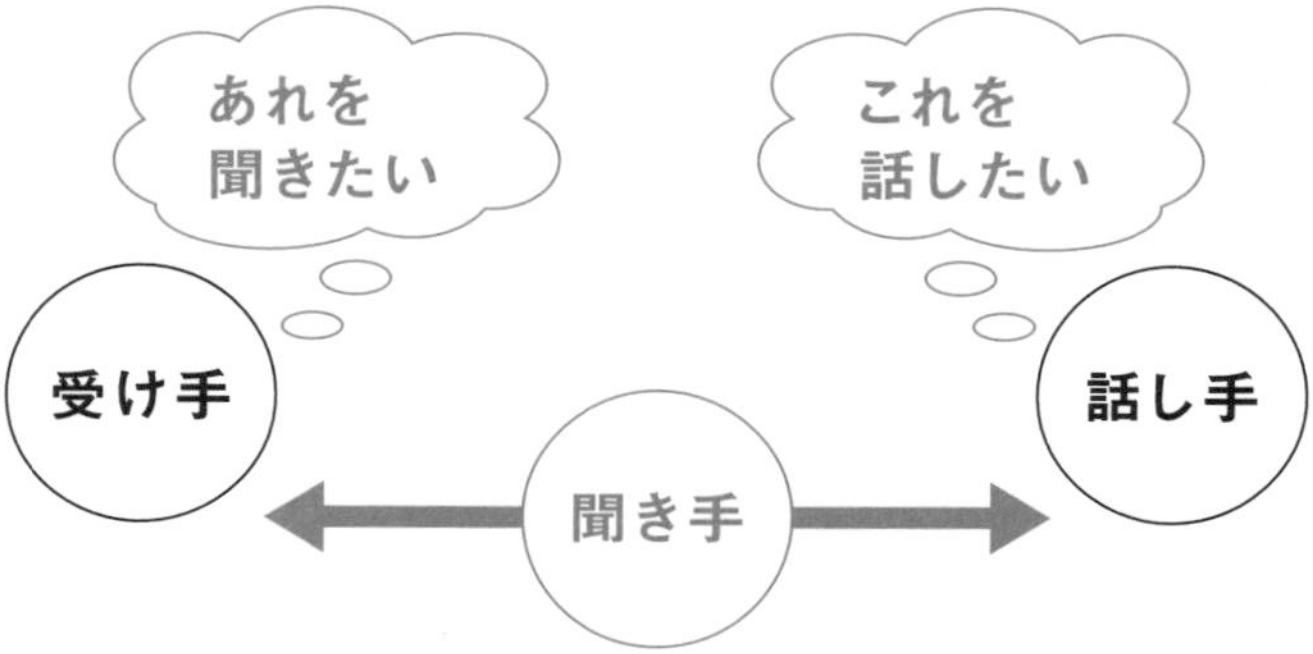

聞き手は受け手の代理人
話し手に、時に寄り添い、時に離れる

ません。

私のように記事や書籍を手がけるインタビューライターであれば、受け手は読者になります。音声を届けるなら聴衆者。イベントなら受け手は観客となるでしょう。

インタビューをするということは、受け手の代理人として話を聞くこと。

この役割を見失ったインタビューは、ただただ、聞き手が興味本位で聞きたいことを聞くだけの時間になってしまいます。

話し手にとってそれは、単に目の前の聞き手を喜ばせるだけ。貴重な時間を費やす意味を感じてもらえません。おそらく、再度インタビューをお願いしても断られてしまうでしょう。

受け手の存在を意識すれば、自然とインタビューで聞く内容も変わってきます。例えば、同じ「社員インタビュー」でも、その目的が新卒採用のためのPRなら、主な受け手は就活生。すると話し手に聞く内容は「入社の動機」や「仕事のやりがい」「学生時代の経験」などになるはずです。

一方、その目的が「社内連携のためのコミュニケーション活性化」で、想定する受け手が「今、同じ会社で働いている社員」だとすると、聞く内容は「最近手がけた仕事」「社内サークルでの趣味活動」などが候補になるのではないでしょうか。

受け手の存在を意識すれば、インタビューの目的も明確になります。

聞き手が〝受け手の代理人〟としてそこに立っているかどうかは、話し手も敏感に察知します。

これまで何度かインタビューした経営者の南章行さん（ココナラ代表取締役会長）は、「誰のために話を聞いているのか。質問を通じて受け手のイメージが明確に伝わってくるインタビューは話しやすい。ゴールを共有できる感覚になれる」とおっしゃっていました。

話を直接、聞いた私一人から、話を直接、聞いていない受け手のみなさんへ届けていく――。

インタビュアーの役割は、メッセンジャーです。

そう思うと、不思議と肩の力が抜けてきませんか。
聞き手は何も主張しなくていい。
ただの〝透明な存在〟として、話を聞く。
時に話し手に寄り添い、時に受け手に寄り添いながら。
常にニュートラルな存在として、話し手と受け手の間を、しなやかに行き来する。
透明とは無色のこと。
何色にでも染まれる自由さを備えて、話を聞くのです。

「聞く」はサステナブルな自己表現装置

聞き手は透明な存在として、何色にでも染まれるという話をしました。自分自身は色を発しなくても、鮮やかな色を放つ人に話を聞いて表現していく。自分一人では、表現できる量も質も限界がありますが、外の世界には、そこにいる人の数だけ物語があります。

自分の中に誰かに伝えるべきコンテンツやメッセージがなくても、「聞く（インタビュー）」という装置を使えば、無限に自己表現を続けられるのです。

なんてサステナブルな仕事なんだ！　と気づいてから、ますますこの仕事が好きになりました。継続することが苦手な私が、インタビュー講座を10期以上続けてこられたのも、「本当にオススメしたいから」なんです。

ただし、ここで一つ、意識しておかなくてはならないことがあります。

インタビューは自己表現を続けられるすばらしい手法なのですが、聞き手として求められなければ、存在することはできません。

つまり、話し手に「自分が直接、受け手に届けたほうが手っ取り早い」と思われてしまったら、話し手と受け手をつなぐ「聞き手」の存在は、不要になってしまいます。

今の時代、自分の体験や思いを直接、自分の言葉で語ること、書くことは自由にできます。最近では記事投稿プラットフォーム「note」や音声SNS「Clubhouse」、動画プラットフォームの「YouTube」など、誰でもすぐに発信できるツールがそろっています。

それでもなお、第三者の聞き手が存在する価値を感じてもらうには、どうしたらいいのでしょうか？　さらに考えていきましょう。

「自慢するのは気が引けるような実績」を聞く

聞き手の存在価値を感じてもらえるインタビューとは何でしょう？

この問いの重みは、年々増しているように感じます。

繰り返しますが、今や「誰でも発信できる時代」。誰だって、いつでも、自分の言葉で好きなように文章を綴ったり、音声や動画で発信できたりします。

１４０字以内で短く伝えたいなら「Twitter」で、もっと長い文章なら「Facebook」や「note」で。写真をメインにするなら「Instagram」。動画で発信する「YouTube」も盛り上がっていますし、「Clubhouse」や「Voicy」など、音声による発信でファンを集める人もいます。

個人だけでなく、企業も自社でオウンドメディアを立ち上げて、新製品や新サービス、重要な組織変更などについて、自分たちの言葉で発信するようになりました。そこには、本人が発信するからこそ届く、新鮮でリアルな言葉があります。

そんな時代において、聞き手が介在するインタビューに何が求められているのか？　これまで以上にその価値を追求する必要があると感じています。

私なりに考えるインタビューの役割は、「話し手が自分からは言いづらいこと」かつ「本当は言いたかったこと」を引き出すことであると考えています。

例えば、知られざる実績。自分の功績について聞かれてもいないのに自ら切り出して滔々《とうとう》と語れる人は、なかなかいないと思います。

「あの時の業績回復の立役者は、○○さんではないのですか？　当時、何をしたのか、詳しく聞かせてもらえませんか？」というふうに話を向けられたら、自然と話せますよね。

それも、すでにあちこちで語られる話の焼き直しでは、あまり意味がありません。

この後の第2章で詳しく説明しますが、事前準備で得られた情報をもとに想像力を

インタビューの価値とは？

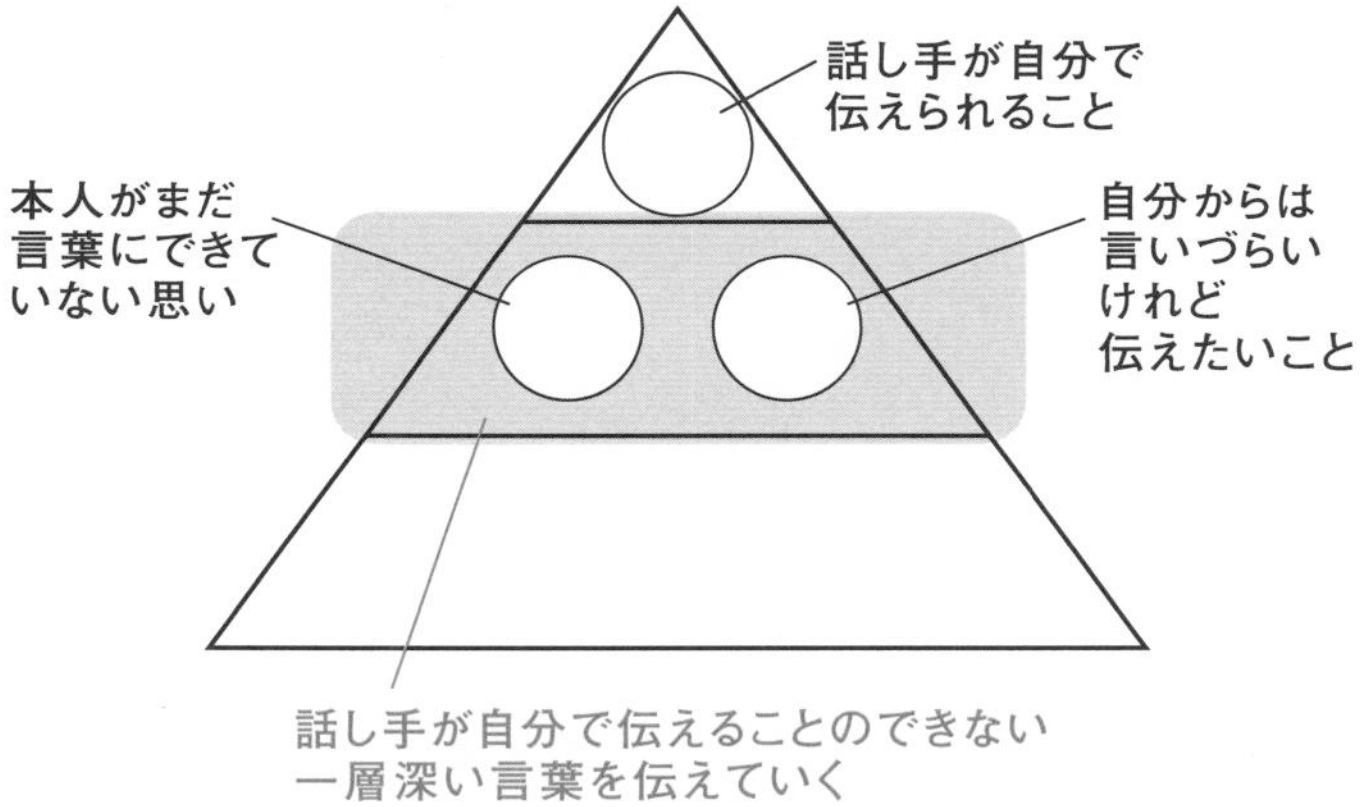

発揮して、「きっと知られざる貢献や努力をしてきたのでは？」と仮説を立て、本人にぶつけてみる。そうしてようやく、引き出せるようなエピソードもあるのです。

「当時、○○さんと一緒に働いていた元同僚Eさんに聞いたのですが、こんなことがあったとおっしゃっていましたよ。本当ですか？」と、第三者の証言をぶつけてみるのも効果的です。

「Eさんがそんなことを言ってくれたんですか。実はあの頃……」と続く話から、これまでその人が、誰にも語ったことのない素敵なエピソードを初めて聞けるかもしれません。

そして、そうやって引き出された〝初出のいい話〟を記事に書くなり、アウトプットとして発信した際には、本人もうれしそうに、ご自身のSNSなどでシェアしてくれる可能性が高くなります。

「このインタビュー記事では、今まであまり話したことがなかった前職時代の経験も話しています！」というふうに。

それだけでも聞き手の私はうれしいのですが、記事を読んだ方々から「すごい話を知れた！」「感動した」などポジティブなコメントが付いていると、ガッツポーズをしたくなります。

その人の知られざる側面を、新たな魅力として伝えられて、ほんの少しでもその人の周辺の世界を変えられた。その事実がうれしいからです。

それは同時に、「インタビューの時間を価値あるものにできた」と確かめられる喜びでもあります。

相手に向き合い、「想像力」というアンテナを駆使して、探し当てましょう。「自慢するのはちょっと。でも、本当はみんなに知ってほしいイイ話」がないかな、と。

「ダメダメ経験」も魅力的に引き出す

前の項目で紹介した「知られざる実績」とは真逆のようですが、「知られざるダメダメ経験」も喜んで話してもらえることがよくあります。

特に、すでに世間の評価が定まっていて、一般的に「えらい人」と思われているような方は、案外、そのイメージを窮屈に感じています。

相手にもよりますが、過去の失敗やいまだに克服できていない弱点など、ダメダメな側面について聞くと、「待ってました！」とばかりに饒舌《じょうぜつ》に話してくださることがあるのです。

「これだけ多くの方に尊敬されている○○さんでも、上司に怒られた経験ってあるんですか？」など、現在のプラスのイメージを挙げた上で、ギャップのある体験談をリクエストするアプローチが、相手の気分を害するリスクも少ないのでオススメです。

なぜ、マイナスの経験について喜んで語ってくれるのか。

それは、話し手が読者との距離感を縮めたいと思っているからです。

多忙な人がインタビューを受けようと決めた背景には、「読者と触れ合いたい」という思いがあるはずです。

「インタビュー記事を通して、もっと自分を知ってほしい」。そんな話し手の思いがあるという前提で、それを叶えるようなインタビューとは何かと考えてみましょう。

確固たる地位を築き、「えらい」「すごい」と評価されている人ほど、世間から身近に感じてもらえない寂しさを感じているのかもしれません。

全員に当てはまるとは限りませんが、失敗やその克服のエピソードには、その人の魅力がたっぷりと詰まっていることが多いのです。

魅力を引き出す目的で、「ダメダメ経験」も、ぜひ聞いてみてください。

大切なのは、聞き手と話し手の信頼関係

ここまでの話のすべての根底に通じる姿勢として、私が大切にしてきたことが一つ、明確にあります。

それが、〝聞き手と話し手の信頼関係〟です。

話をする。

話を聞く。

この時間が生み出す価値を最大化し、それを一緒に膨らませていく。

聞き手と話し手がフラットに関わりながら、コミュニケーションを重ね、あるテー

マについて、話し手の経験や思いについて理解を深めていく。

そこに裏切りや嘘があってはいけないので、インタビューの条件となるルールや手法はできる限り開示します。

思い込みや誤解も避けたいので、事後に「この理解で合っているか」という確認の意味で原稿を見てもらいます。同時に、「気になることがあれば遠慮なく教えてほしい」とも伝えます。


こういった一連のやりとりの結果、私が手にするものは何か。

記事を書けたというライターとしての実績……も大事なのですが、実はそれ以上に、話し手との信頼関係を深められていくことに、喜びを感じています。

インタビューの前よりも後のほうが、お互いの関係が豊かになっている。

そんなコミュニケーションを目指しています。

これは単に、私の人付き合いにおける願望だけでなく、時代の変化を感じての確信です。大きな要因となったのは、インターネットの到来です。

インターネットの浸透によって、メディアの記事制作においても、聞き手と話し手、両者の信頼関係を重視する姿勢は、一層求められるようになりました。

私が出版社に就職した2000年代にはまだ紙媒体の力が強く、「印刷して発行する」という発信形態が主流でした。

印刷媒体の場合、間違った記述があっても訂正するまでにタイムラグが生じます。月刊誌であれば、記事の訂正ができるのは1カ月後。しかも巻末のページに小さく一文というパターンがほとんどで、当事者にとってこうした訂正文は、ほとんど意味をなさなかったのではないかと思います。

その点、今はまったく環境が変わりました。

世の中に流通する情報の多くはウェブ上にあり、メディアもどんどんウェブに移行しています。私の取材執筆の仕事も圧倒的にウェブ記事が多くなりました。

ウェブのインタビュー記事で間違った書き方をすると、公開とほぼ同時に指摘が入ります。読者からの場合もありますが、インタビューを受けた本人が、ＳＮＳなどで「今日出たこの記事には間違いがあります」と即座に発信するケースも。

情報のタイムラグが生じない環境では、記事が世に出る前の段階で内容を共有し、お互いに納得できた状態に到達していることが、とても重要になっているのです。

だから、話し手との信頼関係をより強く意識する必要がある。

もちろんそれは、ただただ、相手に迎合《げいごう》せよという意味ではありません。

29ページでも強調したように、聞き手は話し手の代弁者であると同時に、その人の話を聞きたい人すべての代理人です。

第三者だからこそ持ち得る視点を思う存分活かして、本人が自分だけでは思いつかないような話を引き出していく。それが、「話し手・聞き手・受け手」の三者それぞれにとっての満足、Win-Win-Winを目指すことにつながります。

メディアの記事であれば、受け手は読者。読者が喜べば、その読者に向けて情報を伝える媒体も喜びます。Win-Win-Winの「四方よし」になるわけです。

もう一つ、その発信によって、社会も前に進むような「五方よし」になればさらにいい。そんな欲張りな発想で、いつも企画を練っています。

例えば、3年前にビジネス誌で立ち上げた「スタートアップの男性経営者が自分た

インタビューで築く信頼関係のゴールとは？

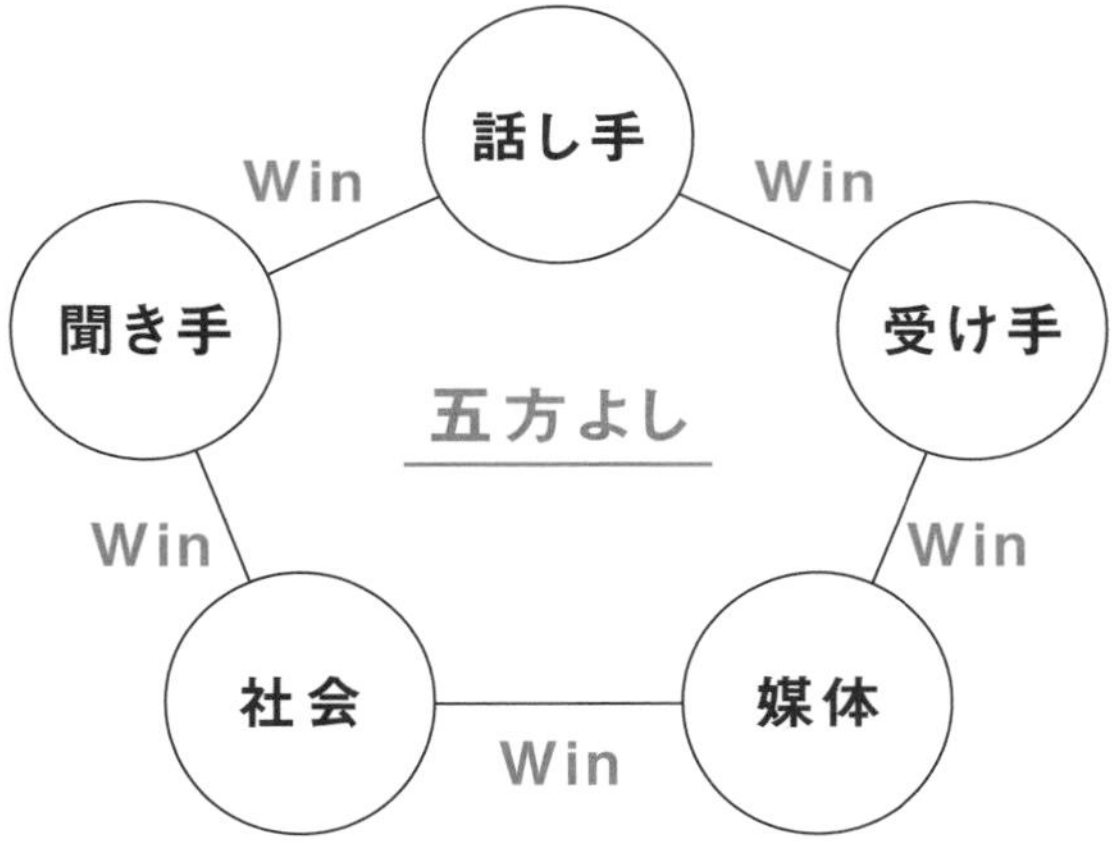

ちの子育てについて語る」というインタビューシリーズは、「これまで女性に偏りがちだった子育ての〝主語〟を増やしたい」という思いで企画したものでした。

実現したい社会的価値を説明すると、「そういうことなら友人の経営者を紹介します」と一肌脱いでくれる方もいました。

誰しも忙しい時代。「時間と労力を費やす価値がある」と関わる人たちに感じてもらえるかどうかを常に考えないと、インタビューは成立・継続しづらくなっています。

インタビューを受けた話し手や聞き手、そのアウトプットを受け取った読者も価値を感じ、さらには社会の未来にもプラスになると思えるようになるでしょう。

第1章のまとめ

- 「積極的に聞く」とは、言葉を超えて、目前の人を理解するということ
- 聞く技術を磨くことは、新しいキャリアにつながる道を開拓すること
- 聞き手は、「話し手」と「受け手」をつなぐ透明な存在
- 「聞く（インタビュー）」という装置を使えば、無限に自己表現を続けられる
- 「聞く前」よりも、「聞いた後」のほうがお互いの人間関係は豊かになる

第2章

「聞く力」を何倍にも膨らませる事前準備

コミュニケーションは、話を聞く前から始まっています。

「この人になら話してもいい」「これまで話してこなかったことを、今日は話してみようかな」

そんなふうに話し手に思ってもらうには、事前の準備が欠かせません。

だからといって、情報があふれる時代に、「全部完璧に準備しよう」と張り切りすぎると、パンクしてしまいます。

ポイントは、バランスとメリハリとタイミング。効果的な事前準備のコツをつかんで、限られたインタビュー時間の価値を何倍にも膨らませましょう。

この章では、記事を書くためのインタビューを想定して、事前準備のポイントを紹介します。

少し特殊な環境を前提にしていますが、書いてあることの半分以上は、普段のコミュニケーションにも活かせるものです。例えば、上司と部下の1on1や、顧客に対するヒアリング、消費者インタビューや採用面接など、深く相手の話を聞く必要のあるシーンで役立つスキルもたくさんあります。

事前準備は最低限の礼儀

インタビューの相手と日時が決まったら、話を聞くための準備に入ります。
これは、最低限の礼儀です。話し手も「わざわざ話を聞きに来るくらいだから、ある程度、自分のことを調べているんだろう」という気持ちで臨むはずです。

では、何をチェックしたらいいのか。

特に名前が知られている人であれば、情報源は豊富です。「何を、どこまで調べたらいいの？」と迷ってしまうという声をよく聞きます。
ネットで検索して出てくる情報をすべて読み込むのは不可能でしょうから、チェックすべき情報をうまく取捨選択して、バランスよく目を通しておくことが大切です。それぞれの情報がどうインタビューに役立つのかをイメージしながら、「偏らずに集める」ことがポイントです。

例えば、「創業5年目のスタートアップ経営者」に話を聞くことになったと仮定しましょう。すると、私はこんな情報をチェックします。

①著書──本人が書いた書籍

②取材記事──本人が取材を受け、話をした内容が載っているインタビュー記事やコラム

③プレスリリース──本人が所属する企業・団体が発行している公開情報

④個人のSNS──本人の個人アカウントで発信している「Twitter」「Instagram」「Facebook」など、SNSの投稿

⑤講演やイベントのアーカイブ動画──本人が出演・登壇している一般向けの講演やイベントの内容を収録した動画

インタビューの事前準備は何をチェックする?

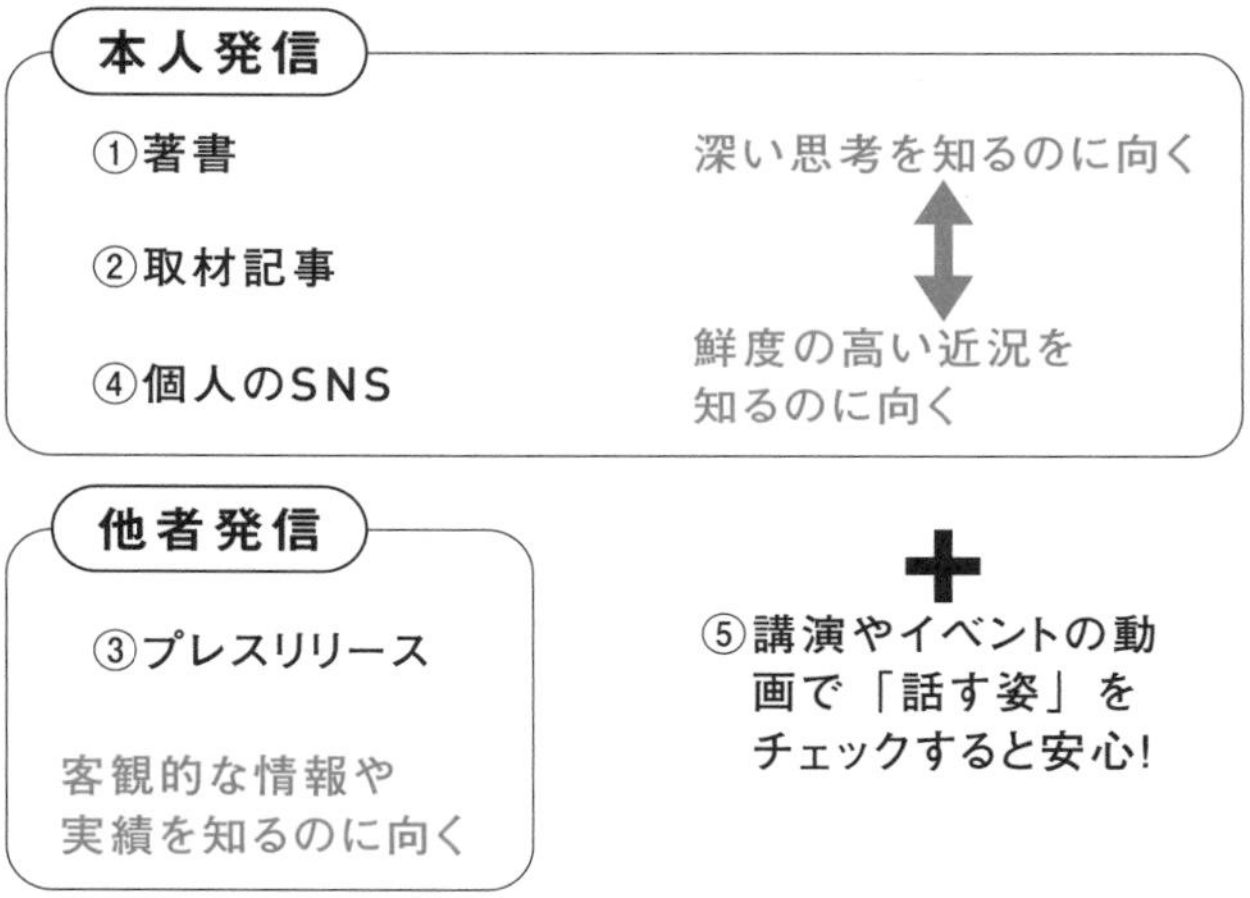

5つ挙げましたが、それぞれに「得られる情報」は異なります。

「書籍だけを徹底的に読む」など、1つの情報源に偏るのではなく、バランスよくチェックすることで、その人について多角的かつ網羅的に把握することができます。

ただし、これらを全部チェックしようとすると膨大な時間が必要になりますよね。ポイントを絞って取捨選択をしましょう。その方法を具体的に説明します。

著書と取材記事は最新と特定時期を重点チェック

まず、本人が書いた著書。自伝的なドキュメンタリーや、自身の仕事術を公開したノウハウ本など、その人が書いた本が出ていたら、必ず目を通しておきましょう。私はブックライティングとして本づくりに携わる機会が多いのですが、つくづく、本はその人の分身のような存在であると感じています。

発行時点で、その人が世の中に向けて示せる最大限のノウハウやメッセージを、全身全霊で込めていく。そんな姿勢によって、1冊の本は誕生しています。

これから話を聞こうとする相手に著書があるのなら（特にその人の人生のストーリーをじっくり聞くようなインタビューであれば必ず）、**その人を理解するために著書を読んでお**

くのは基本ルールです。

一方で、2番目に挙げた取材記事は、本人が書いた著書とはスタンスが異なり、第三者の取材によって情報が引き出されています。

ネットが今のように普及していなかった頃には、雑誌専門図書館の「大宅壮一文庫」などに問い合わせをして、過去に発行された雑誌の記事を取り寄せていました（1ページ当たりいくらという有料サービスだったので、資料代がとてもかかりました！）。ですが今は、無料で読める記事がウェブ上にあふれています。

取材記事を読むのは、他者の視点によって、話し手の考え方やエピソードが引き出されているからです。過去にどんな質問を受けて、どんな回答をしたのかを把握することで、〝その先〟を深める質問ができるというメリットもあります。

逆に、過去に何度も答えている質問をあらためて重ねてしまうと、話し手を退屈にさせてしまうかもしれません。「またこの質問か……」と思わせないような工夫を考える必要があるでしょう。

本人の分身ともいえる著書や取材記事は、優先度の高い情報源として必ずチェックすること。

それでも、著書がたくさんある方やメディアの露出が多い方は、とても読み切れない場合もあるはずです。

その場合は、〝2つの時期〟にポイントを絞ります。

一つは、「最新」のもの。著書なら最新刊。記事ならば直近半年以内のものなど。人の考え方や価値観は日々変化するので、最新のコメントからその人の「今」をつかみます。

もう一つは、「その人の転機の時期」に出された著書や記事。話し手にとって最も重要なターニングポイントといえる時期に発していた言葉に触れておくのです。

スタートアップの経営者ならば、会社の創業期、あるいは事業を大きく変える転換期。大きな決断を伴う転機に、どんなメッセージを世に発信していたかを知ることは貴重な情報となるはずです。

それが10年以上前の出来事であり、現在とは大きく状況が変わっていたとしても、「当時はこんな考え方をしていた」という情報を知っておけば、今の考え方や話す言葉の違いを発見することができます。

重要な転機で発した言葉は、本人の心にも生き続けている場合が多いようです。話を聞いている中で、「今、このようにおっしゃいましたが、会社の創業期にも、今のお話と近いビジョンを、著書の中で書いていましたね」などと伝えると、「そうそう！　でも、あの時にそう言った真意と今の言葉の意味は少し違っていて……」と、一段深い話をしてくださることが結構あります。

話し手の経歴をざっとチェックした上で、「この人にとって大切な転機はどこだろう？」と見定め、その時期に発信している言葉をおさらいするだけで、準備の質は高まります。

もし直接、質問に結びつかなかったとしても、聞く時の心のゆとりがずいぶん違うはずです。

本人が言わない情報をつかむプレスリリース

事前準備として意外と見落としがちなのが、プレスリリースです。ここにも、相手の話を聞く上で大いに活きる重要な情報が詰まっています。

本人が情報発信の主体となる著書や記事とは違って、プレスリリースにはその人が所属する企業や団体の情報がまとめられています。

たいていの企業は、ホームページの「プレスリリース」「ニュース」といった欄に、最新情報から順に並べて公開しているので探してみましょう。

プレスリリースには、新商品や新サービスの情報や、新規事業スタートのお知らせ、ユーザーアンケートの結果、役員就任のお知らせなど。「働き方満足度調査」のように、組織の様子が垣間見える情報があります。

場合によっては、いいニュースばかりではなく「閉店」「撤退」「縮小」といったネガティブな報告も見つかるでしょう。

併せて投資家向けのIR情報や株価の状況などもチェックすると、その会社の最新の状況がわかってきます。

業績に関する情報は、話し手が自分から直接、説明することはほとんどありません。よほど聞きたいテーマと深く関わる場合は別として、「最近、私が担当したサービスがとても伸びていて」と自分から切り出すケースは稀です（謙虚な人であるほど）。

だからこそ、あらかじめ聞き手が把握しておき、話題にする必要があるのです。

プレスリリースから得られるのは、話し手が所属する組織や事業の「実績」です。誰かの主観や評価ではなく、ファクトとしての情報が得られるので、質問をする上での前提や背景を知ることができます。

この背景を知るという準備によって、インタビュー中に聞ける話し手の言葉の意味が、180度変わることもあるのです。

事前情報次第で言葉の意味は変わる

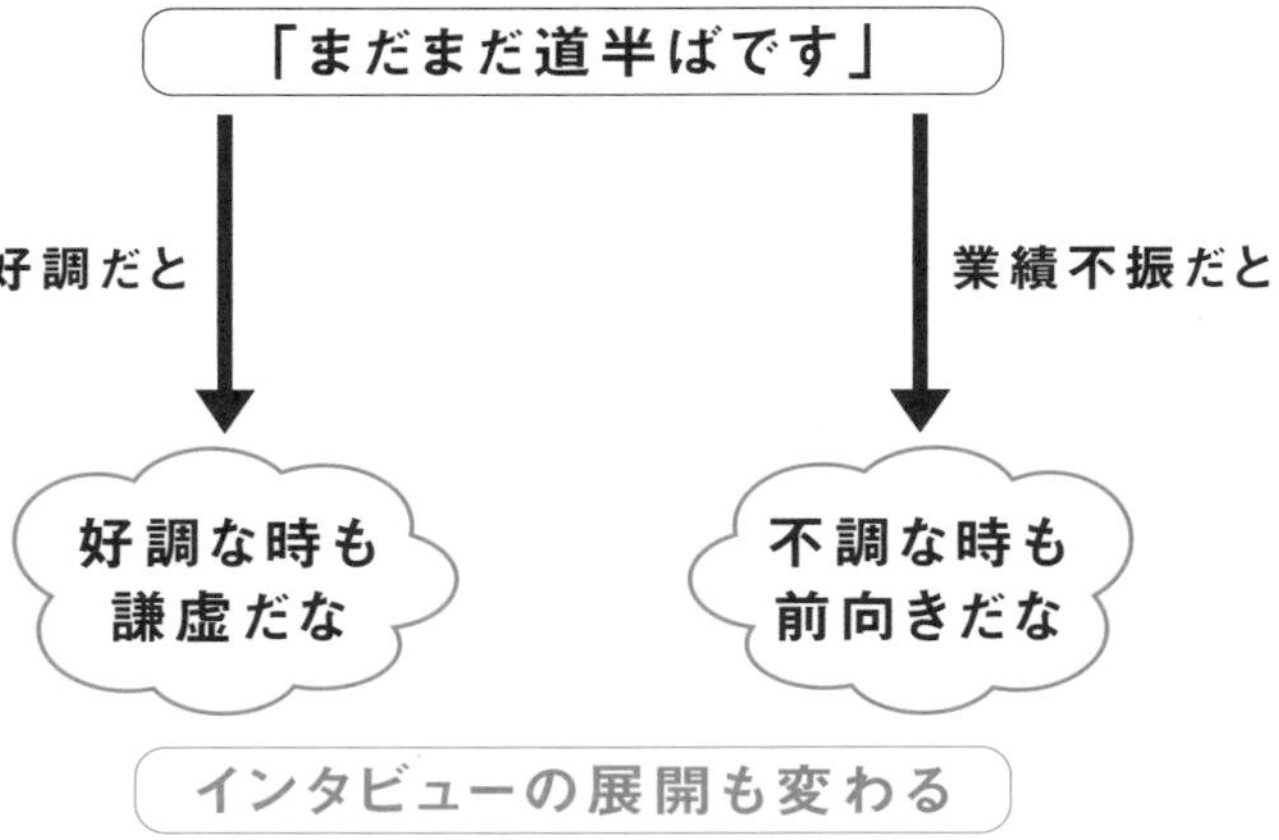
「まだまだ道半ばです」
業績好調だと
業績不振だと
好調な時も
謙虚だな
不調な時も
前向きだな
インタビューの展開も変わる

例えば、目標に対して「まだまだ道半ばです」という言葉が出たとします。

事前にプレスリリースなどに目を通して、事業のアップデートに関する情報がしばらく出ていなかったり、業績不振が続いていることがわかっていれば、「たしかにそうだな。でも目標に対して前向きな気持ちは維持しているから、『道半ば』という言葉が出るのかもしれないな」と私は受け取ります。

反対に、毎月のように新しいサービス改善を公開し、お客さんからの評価も上々だという様子が見て取れる場合には、まったく印象が違ってきます。「好調な時でも謙虚でいようと努める人なんだな」と感じるのではないでしょうか。

結果、この言葉を受けて、次に投げかける質問も変わってきます。

プレスリリースから知った情報が、話の展開そのものに大きく影響していくのです。

報道記事やニュースももちろん参考になります。マスメディアの視点で書かれた「話し手に深く関係する組織や事業が、世間からどんなふうに評価されているのか」を確認できるので、併せてチェックしましょう。

SNSで日常の関心事をチェック

話し手が積極的に発信する人なら、SNSの個人アカウントでも、日々の出来事や考えを投稿しているはずです。

「Twitter」や「Instagram」は、本人の承認を得なくても自由にフォローできるので、インタビューが決まったら（決まる前でも）、まずはフォローしましょう。

SNSは著書や取材記事よりも、ふとした思いや関心を気軽に投稿できる場なので、より話し手の「本音」に近い情報を拾えます。

投稿の更新頻度が高い人なら、その人の今の状態をフレッシュに受け取ることができるでしょう。

話し手のこんなSNSをチェックしよう

日常的な発信
Twitter
Instagram

長文の発信
ブログ
note

仕事向けの発信
Facebook
LinkedIn

動画、音声での発信
YouTube
Voicy
Clubhouse

例えば、話を聞く当日、約束の場所に向かう移動中に相手のＳＮＳをチェックしたら、こう書かれていたとします。

「今朝は雨の中、急ぎの提出物をクライアントに届けてバタバタした」

これを見ると、「午前中は慌ただしく過ごしたのかもしれないな。会ってすぐのアイスブレイクでは、普段の朝のルーティンについて話を向けるといいかも」など、心の準備ができます。

インタビューだけでなく、久しぶりに友人と会う時などにも、これは活用できるはずです。

待ち合わせの少し前にＳＮＳの投稿を

チェックして、相手の近況を知っておくこと。最近の相手の様子を事前にインプットしておくだけで、本題に入る前のアイスブレイクに活かせます。

いいニュースだけでなく、大切な家族を亡くしていたなどの悲しい事情を知るソースにもなります。

さりげなく「3カ月前の投稿を見たよ。大変だったんだね」などと伝えるだけで、相手は「自分から言わなくてもわかってくれていたんだ」と肩の荷が下りるのではないでしょうか。何より「自分に関心を向けてくれていた」という事実が伝わるだけで、心の距離が縮まるはずです。

SNSの時代。誰もが情報発信を気軽に楽しめるようになったからこそ、それをうまく「聞く」ことに活かして、円滑なコミュニケーションにつなげたいものですね。

「話す相手の姿」の動画を見ておくと安心！

もう一つ、初めて話を聞く相手に会う前の事前準備としてオススメなのが、話し手が登壇する講演やイベントの動画を見ておくことです。

最近はオンラインのセミナーやイベントも増えてきて、登壇者の顔ぶれも多様になっています。より気軽に動画を視聴しやすくもなっているので、これを話を聞く前の資料として有効活用しましょう。

リアルタイムにイベントに参加するのがベストですが、タイミングが合わなくても、公開されているアーカイブ動画を探して見ておくと、安心感が違います。話を聞く当日の会話のやりとりを想定できるので、安心感が増すのです。

話し手が実際にどのような表情や声のトーン、口調、速さ、身振りで会話をするのか。動画を事前に見ておけば、脳内シミュレーションがしやすくなります。

「早口で話す癖がある」
「会話中に大袈裟なくらい相槌を打つ」
「相手の話を聞く時には、じっと黙って目を見つめる」

話し手の会話の傾向をあらかじめ知っておけば、インタビュー本番でうろたえるリスクを減らせます。

初対面では緊張しがち！　という人にとっても、一つの対処法となるので、ぜひ試してみてください。

資料は「2度」読む

私は相手の話を聞く前に、できれば「2度」資料を読むようにしています。

1度目は、話を聞く当日から1週間ほど前までのタイミング。

この目的は、疑問点の解決にあります。

その人の全体像を把握した上で、「この部分は、今の私の知識では理解できなかった」と気づいた点があれば、ほかの資料に当たって理解するように努めます。

場合によっては新たに本を購入したり、詳しそうな人に聞いたりと、調べ物に費やす時間が必要になるので、1週間ほどの余裕があるのが理想です。

2度目のタイミングは、「会う直前」。

資料は何回読む？

1度目　取材1週間前まで

→ 必要なリサーチがあれば、さらにチェックできる

2度目　取材当日、会う直前の移動中

→ "聞きたい気持ちのボルテージ"を最高潮に

話を聞く場所に向かう移動中や、あるいは早めに到着して、近くのカフェでお茶を飲みながら。待ち合わせの場所に向かうギリギリの時間まで資料に集中します。

一度読んでいる資料でも、会う直前に読み返すと、その人の言葉がビビッドに響くものです。

この2度目の資料チェックの目的は、好奇心のチューニングアップ。

これから会う人に対する関心・興味の熱を最高潮に高める！

聞き手である自分の好奇心、「この人に話を聞きたい！」という気持ちのピークを、インタビューの瞬間に持っていく。

感情のコントロールを計画的に行うことで、本

聞きたい気持ちをピークに持っていく

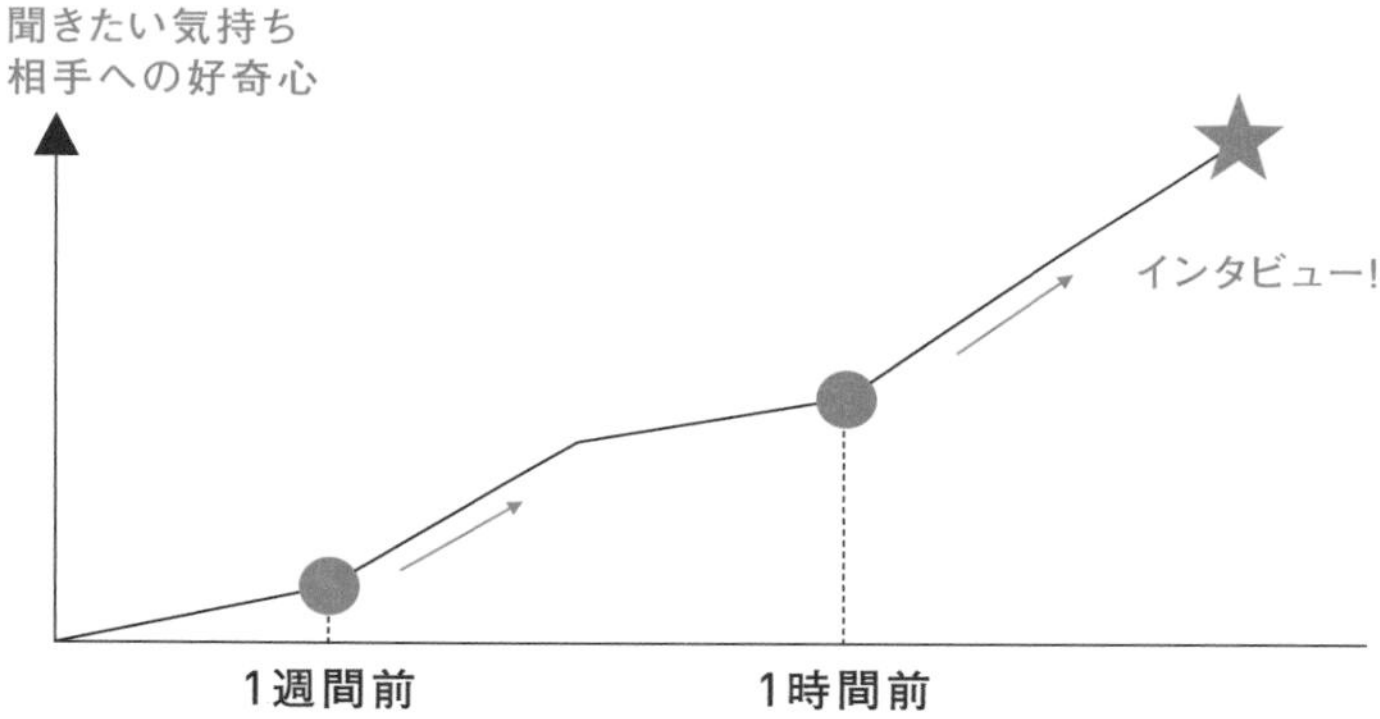

人が現れた瞬間に、「ついにお会いできた!」という喜びが湧いてきます。

インタビューを申し込む、あるいはその仕事を受けたいと思うくらいなので、もともと関心があるという前提はあります。

それでも、さらに知りたい気持ちを刺激して、話を聞く時に向けてモチベーションを高める仕掛けとして、「資料の2度読み」は有効なのです。

きっと私の好奇心や期待は、顔に表れていると思います。

「私は、あなたの話を聞きたくて、ここにやってきました!」

そんなファーストメッセージを全身で表現できることが、言葉以上の挨拶になるのではないでしょうか。

第2章のまとめ

- ☑ 事前準備は最低限のルール。著書、取材記事、プレスリリース、個人のSNS、動画などで情報を集めよう
- ☑ 著書と取材記事は、最新のものと特定時期のものを重点的に読んでみよう
- ☑ 所属する企業・団体が公開するプレスリリースからも、得られるヒントはたくさんある
- ☑ 話し手はどんなSNSを使っているのか。さっそく、フォローして相手を知ろう
- ☑ 資料は「2度」読む。「聞きたい気持ち」を最高潮にして話を聞こう

第3章

話を聞き出す「環境」のつくり方

「あなたの話を聞かせてください」と依頼する際、時間や場所の候補なども考えて、同時に提案するパターンが多いはずです。

実は、「いつ」「どこで」話を聞くのかという設定次第で、聞ける話の深さや濃さがまったく変わってきます。

「〇日なら、何時でも対応できますよ」といった返事が戻ってきた時、あなたなら、どんなふうに考えて、時間帯を指定しますか？

「場所はどうしましょうか？」と相談された時にはどう答えますか？

この章では、お互いにリラックスして、より充実した会話を深めるための環境のつくり方について具体的に説明します。

「時間」「場所」「環境」が違えば、聞き出せる話も変わる

「いつ」「どこで」話を聞いたって、語られる内容は同じだろう——。

そう思っていませんか。そんなことは決してありません。相手の気持ちになって想像してみるとわかると思います。

例えば、あなたが会社勤めの女性Aさんに「転職」について話を聞くとします。

Aさんは、都内で夫と未就学児のお子さんと3人で暮らしています。業務に直接関わる内容ではなく、Aさんのこれまでの個人的な転職に対する考え方について聞く内容なので、勤務外の時間で話をしたいという希望です。

平日の日中は仕事があるので、候補は「平日の夕方以降」か「休日」とのこと。い

「時間」と「場所」次第で聞ける話は変わる

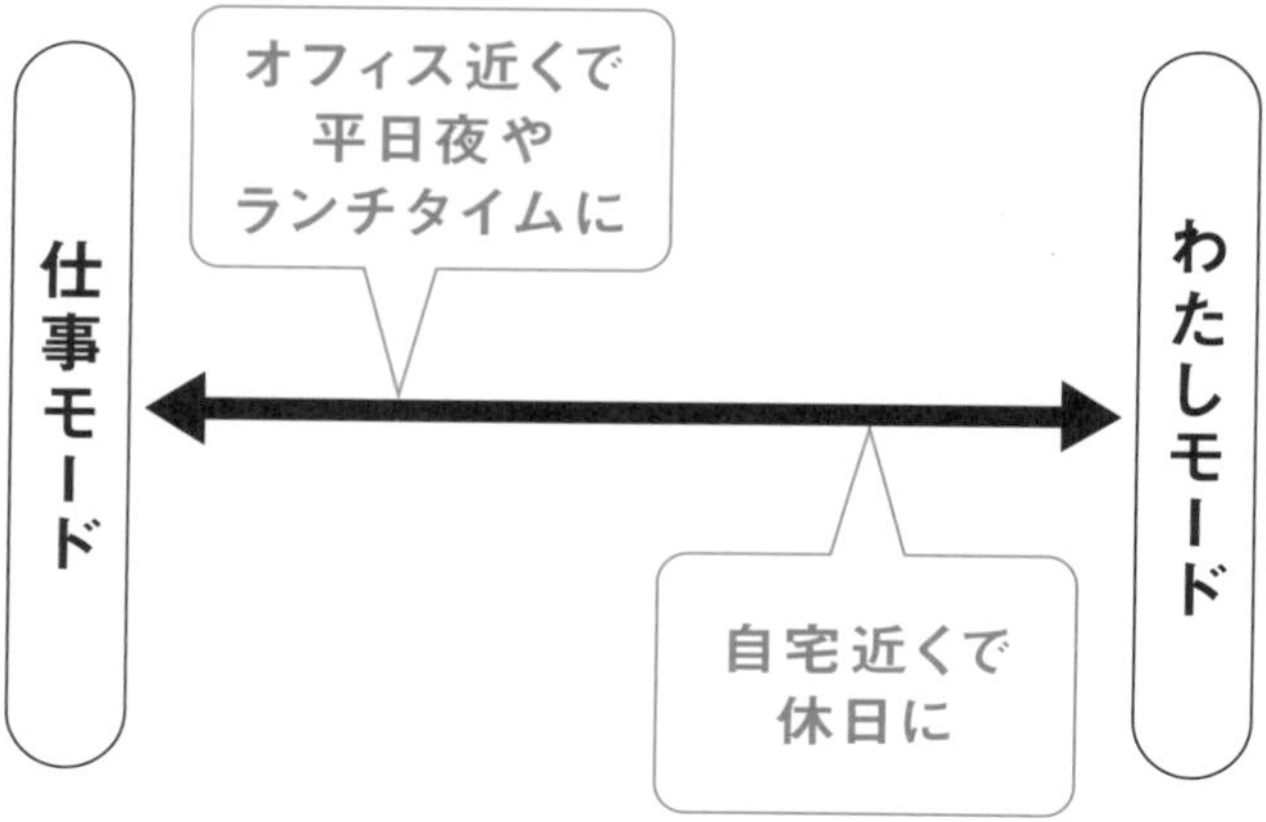

ずれも勤務時間外という点では同じですが、どちらを選ぶかで、聞ける話の内容はかなり変わる可能性があります。

違いは、話し手であるAさんの〝モード〟にあります。どう違うのか、シミュレーションしてみましょう。

平日の夕方以降にお願いした場合、Aさんはインタビューの直前まで仕事をしてから約束の場所に向かうことになるはずです。ひょっとしたら、「あの資料、今日中に仕上げるつもりだったのに間に合わなかったな。明日の朝までに片付けておかなきゃ」などと、気になる仕事を持ち帰りながら、約束した場所に到着するかもしれません。

人は直前の行動に意識を引っ張られる傾向があるので、「平日の夕方以降」のAさんは〝仕事モード〟のままである可能性が高くなります。

結果として、その時に話す転職の話は日中に働いている時の延長線上で、〝〇〇会社で働く私〟を起点にして語られる内容になるでしょう。

一方で、休日を選んだ場合はどうでしょうか。

仕事から離れて、〝わたしモード〟になって家族と過ごしているAさんが語る転職経験は、〝仕事モード〟で語られる内容とは変わる可能性が大いにあります。

例えば、「Aさんの転職に影響を与えた人はいますか？」という質問に対して返ってくる人の名前が、パートナーやお子さん、友人など、プライベートで強く結びついている人になるかもしれません。そんな違いを私は感じてきました。

場所も影響します。職場の近くのカフェで聞くのか、自宅の最寄駅のカフェで聞くのか。「コーヒーを飲みながら」というシチュエーションは同じでも、話し手の〝モード〟の違いによって、話の内容は多少なりとも変わるはずです。

どの場所で語られる話も、Ａさんのエピソードであることには変わりありません。だからこそ、「今回はどちらのモードのＡさんから話を聞きたいかな？」と聞き手が考える必要があるのです。

そんな心構えで取材の日時を調整してみると、ちょっとワクワクしませんか？

話を聞く「時間」と「場所」の設定次第で、あなたのインタビューはもっとクリエイティブで実りのあるものになります。

時間は午前がいい？　午後がいい？

時間帯や場所によって、話し手から引き出せる内容は大きく変わってきます。

この前提で、勤務時間中の相手にアポを入れる場合の提案の仕方についても、もう少し詳しく考えていきましょう。

日程候補に複数の選択肢がある、または、こちらから複数の候補を出す場合には、「何曜日の何時くらいだと、話し手が集中し、話すことを楽しんでもらえるだろうか？」と考えてみましょう。

私の場合、週明けの「月曜の午前中」は候補に提示しないと決めています。

休み明けの始業後数時間というのは、休みの間にたまった案件を片付けたり、お客さんから問い合わせが来たりと、慌ただしくなる確率が高いからです。

落ち着いた気持ちで、リラックスして話してもらうには、避けるべき時間帯だと考えています。

私の場合、月曜は避けた上で、「火曜から金曜の午前中」を提案しています。

午前中を選ぶ理由は、相手がより集中できる時間帯ではないかと考えているから。

オフィスに到着して（リモートワークでオフィス以外で仕事をしていたとしても仕事を開始して）正午を過ぎる頃には、その日に予定していた仕事が進む中で、緊急連絡が入ったり、仕事以外のいろいろな雑事が目や耳に入ってたり……と、頭の中がわさわさしたモードになっている人が多いのではないでしょうか。

そんな〝わさわさモード〟でインタビューを受けると、どんなに集中力の高い人でも、あれこれ気になることが頭の中に浮かんでしまうのではないかと思うのです。

だから、選べるならば「午前」を提案。〝わさわさ〟の元を最小限にしたいから午前なのです。

ただし、仕事の段取りやモードの切り替えは人それぞれ。

「午前にスッキリと仕事を片付けてから、午後にゆっくりと話を聞いてもらうほうがいい」というタイプも少なくありません。

事前に確認できるなら、「午前と午後、どちらがゆっくり話しやすいですか？」と率直に尋ねるのがベターです。


時間だけではありません。話を聞く日にちも、相手の都合との兼ね合いで決めることが大半ですが、条件が許すなら、「より充実した話が聞けそうなタイミング」を提案するといいと思います。

ある経営者に「社内のカルチャーのつくり方」についてインタビューを依頼するとしたら、そのテーマに関連するイベントがないのかチェックしてみます。

もし「毎月、月初に開催する全社集会でスピーチをする」という情報を得ていたら、この全社集会の後で話を聞くことを強くオススメします。

カルチャーというテーマに結びつけながら、「先日の集会では、社員のみなさんにどんな話をしたんですか？」と質問すれば、きっといい最新事例が聞けるはずです。

インタビューはいつお願いする？

▶午後より午前がオススメ

- 「午前中のほうがクリアに話せる」という人は多い
- 選択を委ねられたら、「どちらがゆっくり話せますか？」と聞く

過去に話したことのないエピソードや、それによって得られた気づきなどを、喜んで話してくれること間違いなし。

話し手も、インタビューを受けるからには「誰かに役立つ話をしたい。できれば新鮮な話題を交えながら」と考えてくれているはずです。

考えだすとキリがないわけですが、限られた候補期間の中でも、話し手にとってのベストタイミングを探る意識を大切にしたいですね。

相手の「ホーム」を訪ねよう

次は、話を聞く「場所」についてです。

インタビューの場所は通常、相手から指定されることが多いのですが、時折「お任せします」「そちらに伺うこともできますよ」と言われるケースがあります。

え？ 近くまで来てくれるの？ では、お言葉に甘えて……と思うかもしれませんが、できれば**「お心遣いありがとうございます。よろしければ、こちらからお伺いします」**と返答しましょう。

インタビューでは可能な限り、相手の「ホーム」を訪ねるのが基本だからです。

これは礼儀というよりも、そこでしか得られない情報を取るためです。

話し手が普段過ごしている職場や、特に思い入れのある活動の拠点を訪問して、その場の雰囲気を五感で感じ取ることは、とても大切なことです。

そこには、本人が言葉で表現することのできない貴重な情報が詰まっています。

メーカーで働く会社員Bさんの話を聞くと仮定して、Bさんが毎日通うオフィスを訪ねた際に起こる出来事を想像してみましょう。

エレベーターホールを抜けて、オフィスのエントランスに到着すると、明るく開放的な共用スペースが広がっていました。

そこかしこに観葉植物が置かれ、奥にはカウンター式のカフェスペース。打ち合わせの前後なのか、ホワイトボードの前で談笑している社員の姿も見えます。全体的に、オープンでコミュニケーションを重視する社風なのだと伝わってきました。

こんな環境の中で、Bさんは仕事をしている。これも一つの情報であり、実際に足を向けなければ感じ取れない情報です（「知る」というより「感じる」というイメージです）。

「こんにちは！」

廊下の奥からBさんがやってきました。服装は適度にラフながらも、清潔感があり、表情もリラックスした印象です。

「こちらへどうぞ」と案内されている間にも、Bさんは同僚らしき人から、すれ違いざまに声をかけられていました。

「あ、Bさん、後でちょっと相談させてください」「いいよ。私から席に行きますね」という会話。10秒間にも満たないやりとりですが、ここからも、Bさんの普段のコミュニケーションのスタイルや、職場での人間関係を感じ取ることができます。

ふとBさんの手元に目をやると、会社のロゴが入ったマグカップ。話を向けると、「会社設立10周年の記念に配られたんです。かわいいでしょう?」とにっこり。Bさんが会社のことが好きで、記念日を大切にするタイプなんだと理解できます。

ここまでで受け取った情報はすべて、話し手のホームを訪ねたからこそ知ることのできたこと。まだ話を聞いてもいないのに、普段のBさんの様子がかなり浮かび上がってきたような気がしませんか?

それくらい「場所」が発信する情報量は多いのです。

部屋はその人を物語る

「場所」の話を続けます。

さらにこの後、Bさんのオフィスや執務室、普段よく過ごしているワークスペースなどに通されたり、あるいはそこに目が届くような場所で話を聞けるなら、それはチャンスです！

失礼がない程度に、どんなモノがそこに置かれ、飾られているかを観察してみてください。

人のデスクや執務室には、その人の日常や歴史を物語るさまざまなモノが集合しています。

「部屋には、その人の人生がすべて表れるんです。なぜなら、そこにあるモノはすべて、その人が選んできた決断そのものだから」

これは、こんまりさんこと、片づけコンサルタントの近藤麻理恵さんのプロデューサーとして、世界中に「人生がときめく片づけ」の価値を発信している川原卓巳さんの言葉です。

卓巳さんとは、書籍『Be Yourself』のライティングをお手伝いしたご縁で、インタビューにも役立つ金言をたくさんいただいていたのですが、中でもこの「部屋はその人を物語る」という言葉は、本当にその通りだと感じました。

職場のデスクの上にたくさん本が積まれているとしたら、Bさんが読書家で、仕事でも書籍を活かしていることがわかります。

もし専用の本棚があれば、そこに並ぶ本のラインナップは、Bさんの関心や知識を反映しているはずです（自著を目立つようバーンと置いている、または本棚に過去に授与された表彰状やトロフィーなどを飾っているなら、自分の成果をしっかりと主張したいタイプかも）。

デスクに小さなマスコットがコレクションのように並べられているとしたら、趣味

ホームを訪れたらココをチェックしよう

- ☑ オフィスの雰囲気は?
- ☑ 同僚や仲間との関係は?
- ☑ デスクの雰囲気は?
- ☑ デスクにはどんなモノが飾ってある?
- ☑ オフィスにいる時の話し手の様子は?

の話題も広がりそうですね。

実際に、取材した執務室の様子から、インタビューの内容が膨らむことはよくあります。

早稲田大学大学院教授の入山章栄先生に「子育て」をテーマに話を聞くために研究室を訪問した際には、撮影中にふとある写真が目に入ってきました。

パソコンの横に飾られていたのはご家族の写真。おそらく結婚する前に撮られたものでしょうか、入山ご夫婦の若かりし頃のお写真のほかに、お子さんが小さい頃に描いた絵とメッセージなどが額に飾られていました。

撮影が始まるまでの話の中で、入山先生の家族愛はたっぷり聞いていたつもりでしたが、この写真一つでもさらに、ご家族の歴史や「離れている時間も、家族を思える自分でありたい」という入山先生の気持ちの一端を、垣間見られた気がしました。

ぜひ、その成果については、拙著『子育て経営学』をご覧ください。

オンライン時代もやはり「背景」が物語る

深い話を聞き出したいなら、相手のホームを訪れるべし。そう伝えると、こんな疑問が出てくるかもしれません。

「でもそれって、オンラインで話を聞く場合には無理ですよね？」と。

はい、私もそれがずっと心配でした。

訪問することの効用について長々と書いてきましたが、2020年以降のコロナショックによって、話を聞く環境も激変しました。感染予防を理由に、人と人がなかなか直接、会いづらいような状況が続いています。

私も、日常的にこなす取材や打ち合わせの半分以上が、「Zoom」や「Teams」などのオンライン会議システムに切り替わりました。
正直、直接現場に訪問するのとオンラインとでは、受け取れる情報量は雲泥の差。この不足を埋めるための工夫は、いろいろと試行錯誤しながら模索中です（そのノウハウについても、第7章で紹介しています）。

でも、だからといって受け取れる情報がゼロになるわけではありません。オンライン会議に映し出される背景にも、情報は詰まっています。画面越しにはなりますが、話し手が普段過ごしているワークスペースやご自宅の一部を拝見できる貴重な機会だからです。

時に、あえて〝見せる〟ために、背景に意識的にモノを置いているケースもあります。いかにも「聞いてもらってオーケーです」という目立つ位置に、ユニークなモノが置かれている時には、すかさず質問をしましょう。

私が本づくりでご一緒している仲山進也さん（楽天大学学長）は、いつもリアルな書斎の本棚を背景に取材や打ち合わせに登場するのですが、この本と一緒に飾られている人形（オブジェ）が毎回、微妙に替わっているんです。ついつい、「今日の新人さんは？」と聞いてしまいます。

「らせん」マニアの仲山さんは、らせん状のオブジェや縄文時代の土偶、さらには縄文文化に傾倒していた岡本太郎さんの作品などを並べていて、話を向けると「縄文から弥生にシフトして、そのらせんが一周してこれから縄文２・０になるんです！」などと説明してくれるので、質問のしがいがあります。

定番は「よなよなエール」のビールの缶。仲山さんが10年以上前からチームビルディングを支援してきた会社、ヤッホーブルーイングの看板商品です。

思い入れのあるビール缶を、いつも目に付く場所に置いている。ここに、人とのご縁を大切にする仲山さんらしさを、私はいつも感じるのです。

バーチャル背景やアイコンに使用している写真や絵柄にも、その人のメッセージが隠れている場合があります。

硬派な生真面目タイプの人がゆるキャラの絵柄を使っていたり。熱心なサッカーファンの方が、ごひいきのチームのロゴを忍ばせていたり。郷土愛が強い人は、出身地にゆかりのある何かを取り入れていることもあります。

わざわざ見えるように設定しているということは「話題にしてもいい」というメッセージ。

「○○がお好きなんですね」とアイスブレイクのきっかけにするといいですね。

情報は、勝手にやってきてくれるものではなく、よーく目を凝らし、耳をそばだてていると、ようやく見えてくるもの。

今ある条件の中で最大限、感じ取っていきたいなと思います。

「座る位置」にも配慮を

話題をインタビューの現場に戻しましょう。

ようやく、話を聞くための部屋に通されました。まずは、ぐるりと部屋の様子を見渡してみましょう。

ここで気をつけたいのは、「座る位置」の選び方です。

訪問先の相手にとって聞き手はお客なので、「奥へどうぞ」と上座をすすめられることが多いと思います。

写真撮影を含むインタビューになるなら、そのまま奥に通されるのではなく、撮影に適した位置を優先して座り位置を決めていきましょう（窓から差し込む光の具合や背景になる壁などを考慮し、同行するフォトグラファーと相談して、座り位置を決めていきます）。

ここからは少し細かくなりますが、テーブルの大きさによって座席の配置を変えるという話をします。

〈細長いテーブルの場合〉

一番多いパターンが、幅1〜1・5メートルほどの会議室用の細長い長方形のテーブルを挟んで、向かい合わせに座るパターンです。お互いに正面を向いて、インタビューが始まります。

このパターンで、私がさりげなくやっていることが一つあります。

それは、挨拶や名刺交換をし、相手が席に着いて、自分も着席した後にする小さなアクション。

着席した私は、ほんの少しだけ左右のどちらかに椅子の位置をずらしています。

相手もおそらく気づかないくらいわずかなズレ。およそ5センチくらいでしょうか。

なぜちょっとだけ椅子を横にずらすのか？　それは緊張感をなくすためです。

細長いテーブルの場合はこう座る

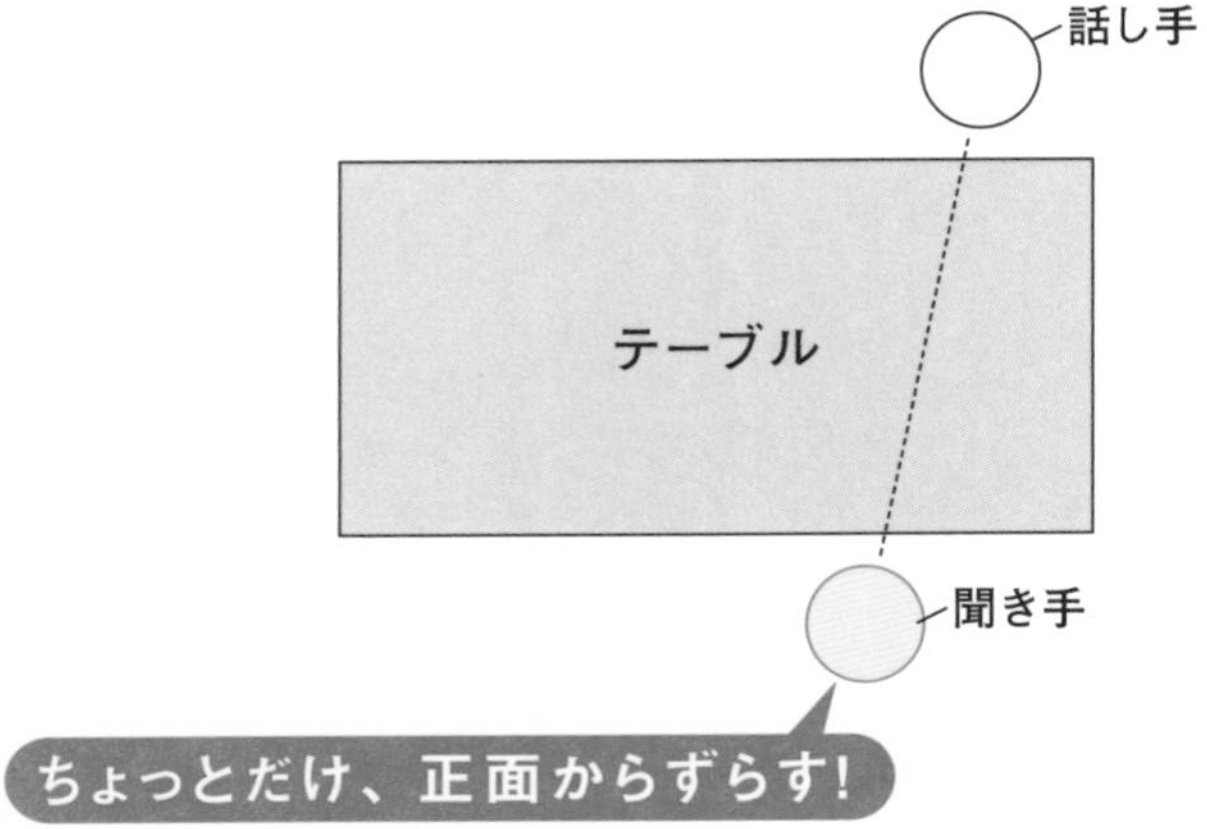

大きなテーブルの場合はこう座る

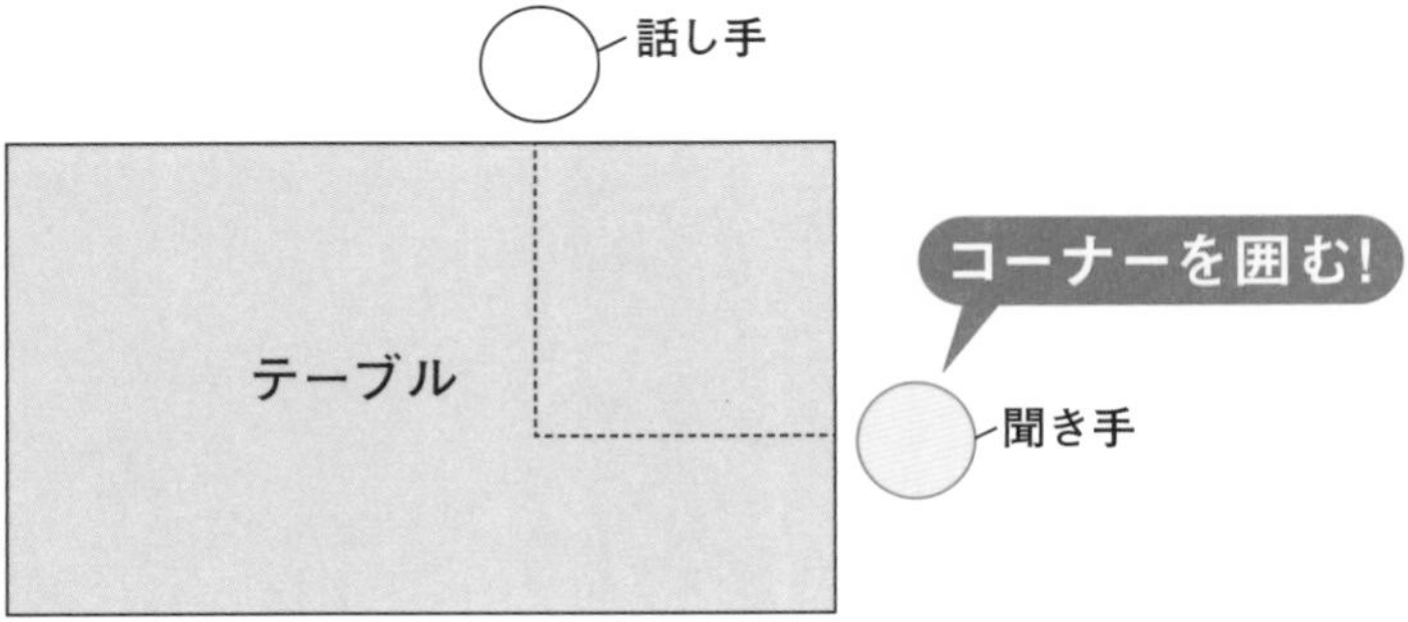

初対面の相手と真っ正面に向き合って話そうとすると、どうしてもお互いに圧迫感を抱いてしまうもの。

真っ正面に向き合うと、質問をする際のコミュニケーションも、なんだか問い詰めるようになりそうで、私は苦手です。

ほんの少しだけ席を横にスライドして、体の面をやや斜めに向けるように配慮すると、それだけで話し手と聞き手の間の空気に抜け感が生まれます。

すると、心なしか話し手もちょっとだけ表情を緩めて、話を始めてくれる気がするのです。おまじない程度の効果かもしれませんが、少しでも相手が話しやすくなるならと続けている習慣です。

〈大きなテーブルの場合〉

話し手のオフィスを訪問すると、時々「え、こんなに広い部屋で！」と驚くような大きな会議室に通されることがあります。

テーブルも大きく、普通に正面に座ると、あまりにも話し手との間に距離が出てしまう。距離が遠くなりすぎると話を聞く場として不自然ですし、話し手も声を大きく張る必要があり、疲れてしまいます。

そんな時、私は話し手に対して90度の位置に座るなど、遠すぎない位置に移動しています。

角を挟み合う「90度」という関係がポイントで、緊張を解いて会話をするのに適した配置として、カウンセリングや面談のシーンでも取り入れられているそうです。

角のない円形の大きなテーブルの場合も、同じようにお互いに側面で向き合うような位置に座るようにしています。

ちなみに、匿名取材を前提に、非常に込み入った話などを聞く時には、先方から指定されたカフェで、あえてカウンター席を選ぶこともあります。

話し手と聞き手が向かい合ってコミュニケーションするのではなく、聞き手が話し手に寄り添うように打ち明け話を聞いていく。

そんな姿勢を示すには、時に、向き合うよりも、横に並んで話を聞くほうが適していると考えたからでした。

もちろん、与えられた環境によって制限はありますから、どんなシーンにも適用できる鉄板の法則ではありません。

ただ、どんな時にも相手の「話しやすさ」や私たちの「聞きやすさ」を大切に、柔軟に環境を整えていくことが大切なのです。

深く聞ける効果アップ！
5つのアイテム

メディアの取材で記事にするためのインタビューなどで現場に持ち込むといいアイテムについても、念のため確認しておきましょう。

❶ メモ・筆記道具

メモをどの程度詳しく取るかは別にして、「話を聞きに来た」からにはメモの準備は必須です。

ノート、メモパッド、ノートパソコンなど、相手の話を記録する道具として、あなたが普段から使い慣れているものを持参しましょう。

❷ 録音機器

最近は、スマホの録音機能やアプリを活用する人も増えていますが、途中で着信や通知があると音声が途切れることがあります。私はそれが嫌なので、メインに使うのはＩＣレコーダーと決めています（特にこだわっていませんが、軽くて長持ちするソニー製を20年以上愛用しています）。

かつ心配性なので、サブとして、iPadの録音アプリも起動させて、「音が録れていなかった！」という悲劇を予防しています。編集者など、ほかに同席する人が録音できる場合は、適宜、分担しています。

❸ 資料

第2章で説明した資料一式。すべてをインタビューの現場に持ち込む必要はありませんが、話を聞く際に関連しそうな著書を1～2冊持参します。インタビュー中に引用・参照したいところには、付箋などの目印をつけておきましょう。

❹インタビューを深めるアイテム

これはマストではありませんが、話を聞く相手が手がけた商品を、たまたま持っていて、大事に使っていたような場合には、ぜひ持参するといいと思います。話のきっかけになりますし、何よりご本人が喜びます。

アイテムに限らず、その人が手がけるサービスを普段からよく使っているのであれば、「あの機能が最高ですよね！」など、最初の挨拶で、ぜひその思いを伝えましょう。きっと相手の心がパーッと開くはずです。

❺小さな置き時計

時計については、少し詳しく説明しますね。

インタビューで重要になるのがタイムマネジメントです。与えられた時間内で聞きたいことを聞くために時間管理力が必要になるわけですが、これが難しいと悩んでいる人は多いようです。そこでオススメなのは、直接的ではありますが、「テーブルに時計を置く」という方法。

私は無印良品のシンプルで軽くて小さな置き時計「駅の時計　アラームクロック・

アイボリー」を愛用しています。控えめに主張するこの子が、なかなかいい仕事をしてくれるのです。

インタビューが始まる前、メモ道具や録音機器を取り出すのと一緒に、この時計もスッとテーブルの上に置きます。自分も話し手も見える位置に置くのがポイントです。部屋の壁にも時計がかかっている場合は多いのですが、〝聞き手も話し手も見える位置〟にはならないことがほとんどで、経過した時間が共有されません。

その結果、「特定の話題が盛り上がりすぎて、時間が足りない!」ということになってしまうのです。

聞き手と話し手、双方の視界に入る場所に時計を置くことで、互いに経過した時間を共有できるようになり、タイムキープがとてもスムーズになります。

もちろん、手元の腕時計を使って自分で気をつけるようにしてもオーケーです。ただし、その際には時刻がわかる文字盤の位置を調整してください。女性の中には、文字盤が手首の内側にくるように装着する人もいますが、そのままだとテーブル上に

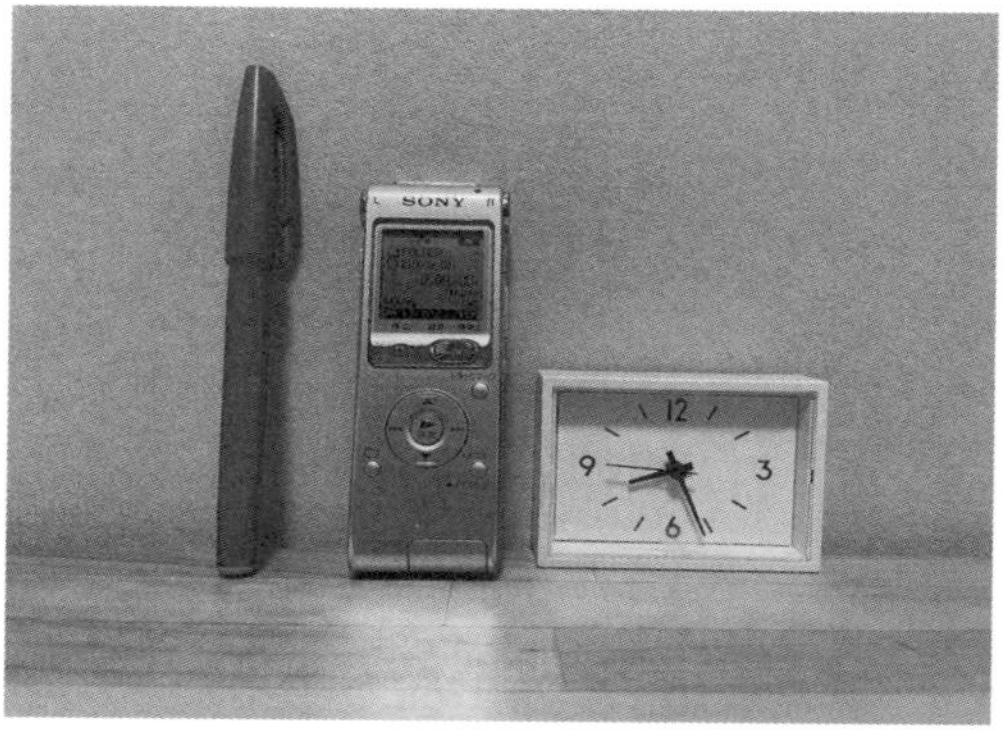

インタビューで愛用しているICレコーダー（写真中央、ソニー製ICD-UX513F）と無印良品の時計（写真右、駅の時計アラームクロック・アイボリー）

手を置くと文字盤が下を向いてしまいます。

すると、時刻を確認しようとする時に、腕の向きを返したり、腕時計を動かしたりと、ちょっとした動作が生まれます。

その動作に気づいた話し手は、「今、相手は時間を気にしたな」「話が長すぎたかな」などと感じ、大事な話をはしょったり、途中で切り上げたりするかもしれません。

これはできるだけ避けたいことですよね。

目線をサッと下ろすだけですぐに見える位置に文字盤を向けておくこと。

些細なことですが、きっとインタビューのプラスに働きます。

あなたの身だしなみ、大丈夫？

「装いは手土産に勝るギフト。相手のことを考えて服を選べば、その気持ちは必ず伝わります」

これは、7年ほど前に本づくりをご一緒したパーソナルスタイリスト、みなみ佳菜さんからいただいたアドバイスです。

では、インタビューに際してどんな服装で向かうか。これも環境づくりの一つと考えていいと思います。

最低限の礼儀と清潔感に気をつけつつ、「話を聞けること」に向けての期待や喜びが伝わるような明るい雰囲気の服装に。

私は自分のセンスに自信がないので、みなみさんに時々ご相談して、プロのアドバイスを受けています。

心がけたいのは、個性を主張するよりも、「信頼」と「受容」の印象を相手に与えること。「この人に話してもいいかな」と思ってもらえる印象につながる服です。

あまり奇抜な色や柄、デザインなどは選びません。かといって、黒ずくめというのも圧迫感があるので、ちょっと彩度を抑えたピンクベージュやボルドー、ネイビーを選ぶことが多いです。

みなみさんによると、ネイビーは「信頼」を与える色なので、初対面のシーンに向いているのだそうです（ちなみに黒はよりシャープな印象となり、「説得力」や「威厳」を与えたいシーン向き）。

どんなに取材を重ねて親しくなった相手に対しても、ラフすぎる服装で臨むことはしません。

ジャケット着用とまではいかなくても、襟風のデザインが施されたカーディガンなど、羽織物を着用して、〝きちんと感〟を演出する。あくまで、「あなたの話を聞きに来ました」というスタンスは守るようにしています。

あまりあからさまにアピールはしませんが、企業の広報部門などから依頼されたインタビュー案件では、その企業のコーポレートカラーを1カ所だけ、服装に取り入れることもあります。

ロイヤルブルーのロゴが目印の企業には近い色のブラウス、赤いロゴの企業には赤い靴を履いていくなど。わざわざ買うことはしません。あくまで自分の持っているものの範囲で、軽く忍ばせる程度です。

「海が好きで、毎週末サーフィンを楽しんでいるんです」と言っていた方に会う日は、マリンブルーのピアスを選んだり。「縁起の良さ」を好みそうな経営者には、パッと明るい印象を与えるホワイト系のジャケットを合わせたり。

話を聞く相手が「親しみやすさ」や「安心感」を受け取ってもらえるようにと、あれこれ考えるのもまた楽しいものです。

これから始まるインタビューという時間をお互いに楽しむための、ちょっとしたきっかけづくり。でも一番大事なのはこれ。「あなたの話を、楽しみにしていました！」という気持ちです。

第3章のまとめ

- 「時間」「場所」「環境」が違えば、聞き出せる話の内容も変わってくる
- 相手について深く理解をしたいなら、話し手の「ホーム」を訪れよう
- 「座る位置」に配慮するだけで、相手に威圧感を与えず、自然に話を引き出せる
- 小さな置き時計が意外に使える！ 深い話を聞き出すための5つのアイテムを活用しよう
- 聞き手に求められるのは強い個性より、「信頼」と「受容」の印象を与える身だしなみ

第4章

インタビュー開始5分で信頼してもらう

ここからはいよいよ「インタビューの中身」についてです。

あなたが質問をして、相手に答えてもらって、会話を展開していく。

限られた時間を最大限に活かすには、初めが肝心。「最初の5分」のスタートダッシュが超重要なのです。

大袈裟ではなく、冒頭の地ならし次第で、その後のインタビューの密度がまったく変わってきます。

そこでこの章では、話を聞く時間の冒頭に身につけたいアクションをお伝えします。

いずれも私が日常的に実践しているもので、20年かけて試行錯誤し、「これは役立つ!」とストックしてきたノウハウです。

初心者でも使いやすいテクニックばかりを選んだので、読んだらそのまますぐに実行できるはずです。

「安心して話してもらう」ための3点説明

挨拶を終え、席に着き、「さあ、お話を始めましょう」――。

ちょっと緊張しますよね。

でも、聞き手であるあなたと同じくらい、話し手も緊張しています。

「うまく話せるかな」「期待に沿えるいい言葉が浮かぶだろうか」「そもそも、今日はどんな趣旨の話をすればいいんだっけ?」

話を聞かれることに慣れている方も、初めての方も、ちょっと落ち着かない気持ちで座っている人がほとんどだと思います。


そこで、まずは話し手が安心してインタビューに集中できるための説明をします。

これから始まる1時間がどういう時間になるのか、聞き手と話し手の間でビジョンを共有します。説明する内容は、話を聞きたいとお願いをした時に送った企画書などのおさらいです（詳細は第8章の企画書のつくり方へ）。

「話を聞きたいとお願いした時にすでに送ってあるのに、わざわざ説明する必要はあるの？」と思うかもしれません。しかし、メディアなどのインタビューの場合、依頼した企画書を話す本人が入念に読み込んでいるとは限りません。

取材を受けるかどうかの判断は、広報担当者や秘書に任せている場合も少なくなく、話し手となる本人が詳細を把握しないままインタビューの現場に登場することも珍しくありません。

もし事前に企画書を読んでいたとしても、文面だけでは聞き手の知りたい内容が十分に伝わっていなかったり、忘れられていたりすることもあります。

「わかってくれているはず」というのは、お願いをした側の勝手な期待でしかありません。インタビューの精度を上げるためにも、口頭でざっとお伝えしましょう。

ここでは、記事を書くためのインタビューを想定します。

初めに説明したい内容は3点です。

❶ 企画趣旨——何のためのインタビューか？

インタビューのテーマについて、「なぜ、あなたに聞きたいと思ったのか」も添えて一言で説明しましょう。

例えば、私は、「Business Insider Japan」というウェブメディアで「だから夫婦、やってます」という、夫婦のパートナーシップに関する連載企画を続けていますが、このインタビューの冒頭では、次のように説明しています。

「社会変革に挑戦する起業家を中心に、お互いの挑戦や自己実現を支え合うパートナーシップについて聞くインタビューシリーズです。夫婦のあり方の多様性も伝えながら、日本の家族の関係性を前に進めたいという思いを込めて、取材をしています。〇〇さんは普段からパートナーとのコミュニケーションについて頻繁に発信されているので、これまでのご夫婦の歩みなども含めてお話を伺いたいと思っています」

あまり長すぎず、30秒程度で説明できるボリュームで。

このインタビューの時間で、どんな価値を生みたいのか、なぜあなたに聞きたいのか、端的にお伝えしましょう。

❷ 掲載媒体と対象読者──いつ、誰に届くのか？

このインタビューが、どういう形で世に出るのかについても説明します。記事になることが決まっていたら、その媒体の名前と概要（紙のメディアなのか、ウェブのメディアなのか、月刊なのかデイリーなのか、発行する運営会社など）を伝えます。特に読者層をできるだけ具体的に伝えることが大切です。

「いつ、誰に届くのか」は話し手にとって最大の関心事です。都心に住む30代〜40代のビジネスパーソンに届くのか、全国各地の大学生に届くのかでは、同じテーマでも話す内容やニュアンスは変わるはずです。

性別の割合や年齢層、「最近、こんな記事がよく読まれました」という情報など、読者の価値観や嗜好《しこう》を象徴するデータがあれば、それも一言添えると、さらに話し手がイメージしやすくなります。

メッセージの届け先についてのイメージをしっかりと共有できたインタビューは、自然と内容が充実します。

インタビューの冒頭で伝えるべき3つのポイント

①企画趣旨——何のためのインタビューか

②掲載媒体と読者対象——いつ、誰に届くのか

③質問内容——何を聞かれるのか

❸質問内容——何を聞かれるのか？

ここまでの説明を踏まえて、インタビューで具体的に何を聞くのかという、質問例を挙げます。

ただし、想定している質問をすべてここで言う必要はありません。私は、「今日お伺いしたいのは3つです」と質問の数を絞って伝えています。

この3つの伝え方も、**「○○さんが△△の活動の中で特に大切にしているこだわりと、その理由となった経験、これから成し遂げたい目標について」**などと、一息で言えるくらい短く、キーワードをまとめるようにしています。

実際にインタビューが始まると、この3つのほかにも、いろいろと聞くことになるわけですが、それをすべて説明したところで相手は覚えられません。大枠さえわかっていただければ十分です。

これらの3点をサッと説明できるようになると、話し手は「なるほど、今日はこんな話をすればいいのか」と心構えが整うはずです。

説明は、同席する編集者や企画の責任者が担ってくれるケースも多いので、事前にどちらが説明役になるかを確認しておくといいでしょう。

話し手と呼吸のリズムを合わせる

「コミックエッセイ」というジャンルを開拓し、『ダーリンは外国人』などのメガヒットを生み出し、雑誌『レタスクラブ』のV字回復を牽引した名編集者、松田紀子さん（現ファンベースカンパニー）にインタビューの技法を伺ったことがあります。

数々のアドバイスの中でも最も印象に残ったのは、「初対面の相手の緊張を解くために、最初にリズムを合わせる」という技術でした。

話すスピードや呼吸のペースは人によって違います。

ゆっくり話すタイプの相手ならば、聞き手もゆっくりめに。テンポよく話すタイプであれば、こちらもちょっと速めに。

最初に話し手とリズムを合わせることで、その後の会話が心地よく展開しやすくなるのだそうです。

新しい才能と出会い、信頼関係を育むコミュニケーションが、リズムを合わせることから始まる。数々の作家を発掘した松田さんの言葉にはとても説得力がありました。

話し手が事前にしっかり準備をするタイプの場合、インタビューをスムーズに進めるためにスライド資料などを持ち込んでくださることもあります。

その様子を察したら、**「私から質問をする前に、一通りご説明を伺ったほうがいいでしょうか？」**などと確認してみるといいと思います。おそらくほとんどの方が、「先に説明したい」と言うはずです。

注意点としては、先方の準備した資料が膨大で、質問の時間が極端に短くなってしまうリスクが稀にあること。

予防策としては、「では、先に10分程度でご説明を聞かせてください」と、さりげなく時間の希望を伝えてタイムマネジメントをすること。インタビュー時間の舵取りは、聞き手にあると考えてください。

撮影があるならタイミングを確認

インタビューで話し手の撮影を実施する場合には、与えられた時間の中でいつ、どれくらいの間、撮影するのかを最初に伝えましょう。

先方の都合も伺った上で、話を聞く前に撮影するのか、後なのかを決めます。

フォトグラファーの意向にもよりますが、可能であれば、話し手の方が「よりリラックスできる」タイミングを優先したいもの。

たいていの人にとって写真を撮られることは緊張を伴うものですが、「撮影を終えてからインタビューに入るほうが、緊張が解けてリラックスした状態で話せる」と考える人と、「いきなり撮影されるのは緊張するから、話し終えて打ち解けた表情を撮ってほしい」と考える人に分かれます。

率直に、どちらがいいかを聞いてみるのが一番です。

目線をカメラに向けるポートレート撮影以外に、インタビューカット（話している様子などを収める撮影）を予定しているなら、被写体となる話し手への、さらなる配慮が必要です。

フォトグラファーと段取りを確認しつつ、**「インタビューカットは冒頭の10分ほどで済ませます」**など予告を忘れずに。

事前にこう伝えていないと、話し手は「インタビューの間ずっとパチパチと気になるな……。これ、いつまで撮るのかな。もしかしてずっと？」と気になってしまいます（という証言多数）。

〝新しい常識〟になったマスク着用ルールについても、「写真を撮っている間だけ外すのか」などの確認をしておきましょう。特に女性はマスク跡や化粧崩れを気にする方もいるので、小さな手鏡を一つ用意しておき、撮影前にお渡しすると喜ばれます。

冒頭に伝えるべき〝信頼のための約束〟

先ほどまとめた3つのポイントと併せて、ぜひ伝えたいのが、話し手と信頼関係を築くためのある約束です。

取材依頼の企画書にも必ず明記するようにしていますが、インタビューが記事として公開される前に「原稿確認あり」なのか「原稿確認なし」なのかを、あらためてお伝えします。

私の場合は、今お受けしている仕事のほとんどが記事公開前に「原稿確認あり」のインタビューなので、そのように伝えるケースが多いです。しかし、報道系のメディアでは、「原稿確認なし」あるいは「コメント部分のみ確認可」といった媒体ルールで統一していることが主流です。その場合は、必ず事前にその旨を話し手に伝えましょう。

一番ダメなのは、いろいろなことを気持ちよく話していただいた後で、「ありがとうございました。ところで、今日のお話の記事は事前確認できませんので、後はこちらにお任せください」と伝えるパターン。

相手は「え！　そうだったの？　言っちゃいけないことまで話してなかっただろうか……」と不安になるはずです。何より、お互いの信頼関係に傷がつきます。

「原稿確認あり」の場合にも、事前に伝えることが話し手の安心につながります。

私は、いつもこんなふうにお伝えしています。

「今日のインタビューは記事の公開前に原稿をご確認いただけます。ですので、この時間は○○さんがお話ししやすいように、話してくださいね」

それだけで、話し手の緊張がほどけていくのがわかります。

重要! 聞き手と話し手をつなぐ「地点合わせ」

インタビューでは、冒頭5分のスタートダッシュが重要だと書きました。ここまでは、話し手が安心して話せるための地ならしについてまとめましたが、ここから一気に、インタビューの密度を高める工夫を仕掛けていきます。

質問を始めるよりも先にすべきなのが、「地点合わせ」です。

「地点合わせ」という言葉は私の造語なのですが、「私はあなたのことをここまで知っていますよ」というふうに、聞き手の知識レベルを開示することです。

初対面の相手の場合ならなおさら、私を見て気になっているはずなのです。「この人、どこまで私のことを知っているのだろう?」と。

そのレベルによって、「どこから話せばいいのか」が変わってくるので、聞き手がどこまで自分のことを知っているのか、探るモードになっているはずです。

だからこそ、聞き手が積極的にそれを伝えれば、話し手も「ここから話せばいい」という地点が定まります。つまり、〝インタビューのスタート地点〟を定めることができるというわけです。

話し手に伝える方法は2つあります。

一つ目は、言葉で。

冒頭の名刺交換や企画説明のついでに、「昨日話題になっていた○○さんの関連記事、読みました」とか「最近、御社の△△が話題ですよね」と一言添えてみましょう。

これは単にアイスブレイクの効果があるだけでなく、聞き手が事前にインプットしてきた情報を示すことになります。

こう声をかけられると、話し手は自然と「あの記事に書かれていた内容はほぼわかってくれているんだな」「△△の事業については知っているのだな」と察するはず

"地点合わせ"のために伝えること

言葉で

「○○の記事を読みました」
「最近、○○が話題ですね」

モノで

資料として
読んできた著書を置く

です。

すると、その先の話からできるという暗黙の了解が生まれます。挨拶に添える一言に、実は地点合わせの効果があるのです。

もう一つの方法は、モノで。

インタビューの現場に持参するモノで、聞き手の知識レベルをアピールします。

話し手に著書があるなら、資料として読んできた著書を1～2冊持参して、見える位置に置いておきましょう。

「その本に書かれてあることは最低限、目を通している」という情報が話し手に伝わります。

話を聞いている途中に、話し手が「その本の中に関連した図解を載せているので、ちょっと開いてみてください」と言った場合には参照できたりと、話の内容を深めるきっかけにもなります。

そしてもう一つ、地点合わせに役立つモノとして、イチオシのとっておきアイテムがあるのです。続けて、紹介しますね。

人物ストーリーを聞くのに有効な「あなたの年表」

地点合わせの工夫をいろいろ試した結果、今の私が最も効果的だと感じているのが「あなたの年表」です。

125ページの写真を見るとわかる通り、とてもアナログな手づくり年表で、インタビューの対象となる話し手の経歴や実績、印象的な出来事を時系列で並べています。著書や過去の取材記事、プレスリリースなど、50ページで紹介したようなさまざまな情報源から集めたその人の情報を、1枚の紙の上にまとめて、時系列で整理したものです（私はA4コピー用紙に「消せるボールペン」で書き足しながら作成します）。

いつ（何歳の時に）、何をしたのか。当時を振り返って印象的な言葉を残していたら、そのキーワードも一緒に。

正直、書き出すのには手間がかかります。でも、その手間の何倍ものメリットがあるというのが、私の実感です。

ちなみにハフポスト日本版前編集長で、PIVOTチーフSDGsエディターの竹下隆一郎さんも、「事前準備として、取材相手の年表を作成して手元に置いておく」ことを習慣にしているそうです。竹下さんはさらに時事の流れも書き入れることで、背景を明らかにしていると聞き、深く納得しました。

私の場合、年表を自分の確認だけでなく、相手と共有するためにも使います。

手元のノートやパソコンの中でまとめる資料ではなく、「話し手とインタビューの現場で共有できるもの」として作成しています。インタビューの質を高める道具として積極的に活用しているわけです。

「活用」といっても難しいことはなく、この年表を作成し、話し手に見せるだけでも、かなりの効果が期待できます。どういう効果なのか、詳しく説明しましょう。

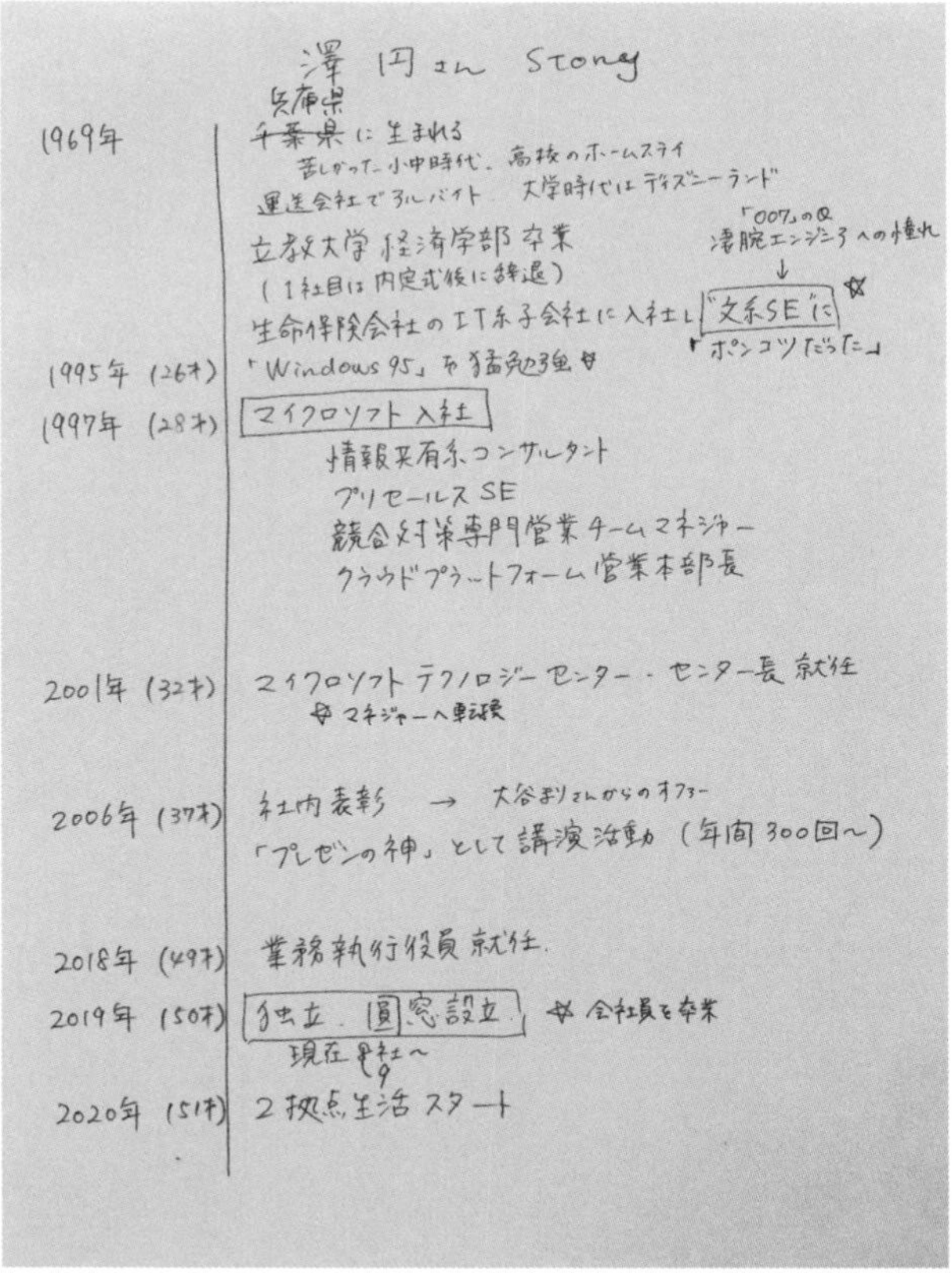

著者が取材のために作成した「あなたの年表」。元日本マイクロソフト業務執行役員の澤円さんの話を聞くための資料として準備した

「年表」を見せると、話の密度が高まる

「あなたの年表」を話し手に見せながら話を聞くメリットはいくつもあります。

第一に、「私は、ここまではあなたのことを知っています」と視覚的にわかりやすく示せること。

年表に書かれてあることとは、確実に聞き手が手を動かして書き込んだこと。著書を持ち込んだり、「あの記事を読みました」と伝えたりするよりももっと直接的に、聞き手が知っている情報を話し手に伝えることができます。

加えて、自分がやってきた実績について時系列に整理されている年表を目にした話し手は、きっとこう考えるはずです。「自分の経歴については、細かく説明をする必要がなさそうだな」と。

年表作成のメリット

- 「ここまではわかっています」と示せる
- 既知情報の先にある深い話から始められる
- 時系列を確認しながら話を聞ける
- 誤情報を訂正してもらえる
- 何より、理解が深まる

＊編集者にも同じものを一部渡すのがオススメ

限られたインタビュー時間を、「聞き手がすでに知っていて、かつ、話し手はできれば説明を省きたいと思っているポイント」に費やさなくても済みます。

「あなたの年表」を作成する第二のメリットは、時系列を確認しながら話を聞けることです。

人は案外、自分の過去の情報についての記憶が曖昧《あいまい》なものです。特に、次々に新しい挑戦をしている人たちは、過去の実績にはほとんど興味を持たず、自分がいつ、何をしたのかという情報にはあまりこだわらないタイプが少なくありません。

話の中では「Aの後にBをした」と言っ

ていたのに、後で調べてみると「Bが先で、その後、Aをしていた」なんていうことも結構よくあります。

だからこそ、聞き手が事前に年表を整理しておくと、お互いにとって便利。「そうそう、Aの後にBをしたんです。その時に実は……」など、話し手も迷わずに会話を進めることができます。

世に出ている情報が必ずしも正しいとは限りません。

テーブルの上に差し出した年表を眺めていた話し手が、ふと一点に目線を留めることがあります。

「ああ、実はこの2010年の出来事なんですが、数年前に受けた取材でこういうふうに書かれて以来、誤解されたまま情報が広がってしまったんですよ。ずっと訂正したいと思っていたので、直していいですか」

その場で事実情報の訂正ができるのも、「あなたの年表」のメリットです。

情報を紙に落として可視化することで、聞き手にも新たな視点が生まれます。

時系列で相手の実績を整理していると、時々、〝謎の空白期間〟を発見することがあるのです。

いつもアクティブでコンスタントにいろいろな活動をしている人なのに、ある時期の5年間は何も情報がない。すると、こんな質問が自然と浮かぶわけです。

「この5年の間に、〇〇さんは何をしていたんですか？」

もしかしたら、まだ誰にも語られていないおもしろいエピソードが出てくるかもしれません。

こういった発見は、わざわざ自分が手を動かして情報を整理しなければ、見つけられないことだと思います。

メリットはたくさんあるのですが、一番はやはりこれ。

聞き手が、話し手に対する理解を深められること。あえて手書きにしているのも、手を動かし、文字を見ながら、話し手の情報をしっかりとインプットしたいからです。

そうやって用意した年表を喜んでもらえて、話し手との距離が縮まるのもうれしいことですよね。

「つたないものですが……」と年表を差し出した時、「わぁ！　すごいな。わざわざ書いてきてくれたんですか」と喜んでもらえると、私もうれしくなります。少しだけ、その場の温度が上がる気がします。

年表を書くことが、話し手に対する好奇心や、「知りたい」という気持ちを証明してくれるのかもしれません。

相手を喜ばせることが目的ではありませんが、「話を聞く1時間のために、1枚の年表をつくる」という工夫は、確実に話を深め、広げていきます。

作成した年表はインタビューに参加する人数分、コピーしてみなさんに配るようにしています。

話し手と一緒に同席している広報担当者に渡せば、事実確認のチェックをその場でざっとしてくれることも。編集者に渡すと、「記事を捕捉する仕掛けの材料にしようかな」と考えてくれたり、プロフィール文をまとめる資料にしたりと、活用してくれるようです（編集者は忙しいので、こういう材料を渡すと助かるはず）。

ということで、インタビューを深める効果絶大の「あなたの年表」作成、オススメです。

私のインタビュー講座を受けてくださった受講生からも、「さっそく試してみたら、話の展開が全然違った！」と好評です。

インタビューばかりではありません。

部下との1on1や、クライアントに対するヒアリングなどでも、事前にこうした資料を作成して挑むだけで、話し手との距離がぐっと縮まり、心を開いてくれるはずです。ぜひ、挑戦してみてください。

一度に複数のテーマを聞くなら「本日のお品書き」

「あなたの年表」と併せて紹介したいのが「本日のお品書き」です。

限られた時間の中で、複数のテーマについて相手に聞きたい時に、テーマを話してもらう順番にこだわりがないならば、効果的に使えるツールです。連載の取材などで活用しています。

その名の通り、カフェのメニューのように、聞きたいテーマのリストを箇条書きにしたものです。これもＡ４サイズで、文字を大きく書くのがポイント。

テーブルの上に置いた時に、話し手と書き手が一緒に見ながら１枚の紙を共有するのが目的です。

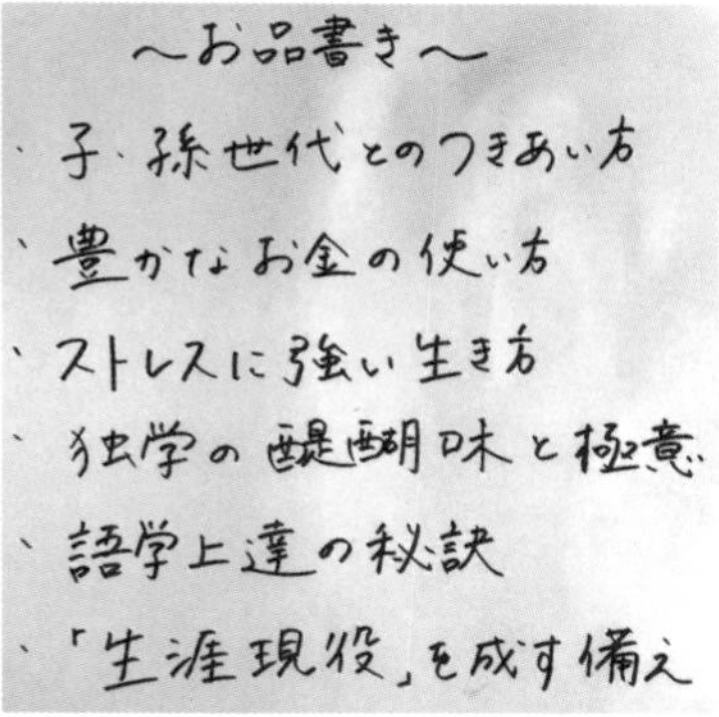

ある取材で用意した「お品書き」。このメモを取材の最初に出して、話し手に何から語るか選んでもらう

話し手にリストアップしたテーマの〝お品書き〟を見てもらいながら、「今日はどの話題から話したい気分ですか？」と選んでもらいます。

ちょっと変則的ですが、「選べる」というエンターテインメント要素があり、話し手がリラックスして話を始めてくれます。

実は、聞き手にはそれ以上の狙いがあって、「話してほしいテーマを最初に全部見せる」というのがポイントなのです。

これを見ると、話し手は自分の話しやすい順にテーマを選びながらも、「この話の後に、あのテーマについて話をしよう」と心の準備ができます。

第4章のまとめ

- 相手に安心して話してもらうために冒頭で伝えるべき、企画趣旨と掲載媒体・対象読者、質問内容
- 初対面の相手の緊張を解くために、話し手と呼吸のリズムを合わせてみよう
- 言葉とモノ、両方の手段で、聞き手と話し手をつなぐ「地点合わせ」を実践しよう
- 話し手たった一人のための「あなたの年表」をつくると信頼を得られ、話の密度も高まっていく
- もし、一度に複数のテーマについて話を聞きたいなら「本日のお品書き」に挑戦してみよう

第5章

「聞く」がはかどる
メモの取り方

相手の話を聞く時には、必ずメモを取ります。

メモを取るという姿勢そのものが、「あなたの話をきちんと聞きたい、残したい」というメッセージになります。

でも、話を聞きながらメモを取るというのは、案外、難しいもの。


どんなツールを使うのか？

話を聞きながら、手元で書くのはどんな内容？

あらかじめ書いておくと役立つメモは？


いろいろ試して行き着いたベストな方法をお伝えします。

「メモは紙一択」の理由

「インタビュー中のメモは、どのように取っていますか?」というのも、よく聞かれる質問です。

まず、形式について。

メモの取り方は、大きく分けて「紙派」と「パソコン・タブレット派」に分かれるのではないかと思います。

私は断然、「紙派」。紙一択です。紙とペンを使います。

パソコンやタブレットを選ばない理由としては、そもそも「キーボードで文字を打つのが遅いから無理！」という事情もあるのですが、私はあのキーボードを叩く音が苦手なのです。

カタカタカタカタ……という音が自分のすぐ近くで鳴っていると、話し手の声を聞き取るのに邪魔になります（あくまで自分の近くで鳴るのがうるさいのであって、同席している方が打つ分にはまったく気になりません）。

加えて、パソコンやタブレットにメモを取ると、どうしても目の前の画面に連なる文字列に視線が向けられてしまいます。

インタビュー中は、できるだけ話し手の顔全体の表情や体全体の仕草などを見ながら、言葉の周辺にある感情を捉えたい。

手書きのメモであれば、話を聞きながら視線を手元に落とさずに書くことも可能なので（そういう癖をつけました）、話し手と目を合わせ続けることができます。

もう一つ、紙に手書きをするメリットが、〝感動のメリハリ〟をそのまま記録できることなのです。

パソコンやタブレットでメモを取る場合、当たり前ですが、文字のフォントサイズ

なぜ紙がいいのか?

- インタビューに集中できる
- 相手の表情や仕草などを見られる
- "感動のメリハリ"を記録できる

は均一です。インタビューが終わる頃に完成するのは、すべての文字情報が均等に並んだメモになります。

一方で、手書きのメモの文字は、大きさも濃さも自由自在。

特にビビッときたキーワードには、線を引いたり、グルグルと丸で囲んだりと、相手から話を聞いた瞬間に受け取った感動を、そのまま残すことができます。

文字の大きさだけでなく、筆圧の違いにも感動のメリハリは表れます。

その結果、後からそのメモを見返しても、一目瞭然なのです。「ああ、私はインタビュー中のこの話題に特に心を動かされていたんだな」と。

インタビューの内容を原稿にする時にも、当日の自分がどんな感情を持ったかという記憶が瞬時に蘇り、構成にも役立ちます。

「では、どんな種類のノートを使っていますか？」

これもよく聞かれる質問なので、実際に使っているツールを紹介します。

Ａ４コピー用紙に落ち着いた

メモを取る道具に何を選ぶのかは、個人の好みや目的によって左右されるものなので、一概に「これが正解！」とは言えません。

私がいろいろと試した結果、現時点での最適解をお伝えしますと、それは「Ａ４のコピー用紙の束」でした。

123ページで紹介した「あなたの年表」で使った用紙と同じ。丈夫でペンの滑りがいいコクヨ製（ザ・スタンダード！）を愛用しています。

文房具の達人がすすめるオシャレなノートや、上にめくるタイプのノートパッドなど、あれこれと試してきましたが、行き着いたのは何の変哲もないＡ４コピー用紙。

１回の取材につき10枚程度をバインダーに挟み、取材用のメモ道具として持ち歩いています。

コピー用紙に行き着いた理由は、その使い勝手の良さからです。マス目のない白い紙だから、メモの自由度が高く、パッと1枚ずつ取り出せるのも便利です。

インタビュー中に話を聞きながら、**「今、おっしゃったことって、図式化するとこういうことですか？」**と図を共有することもできます。

話し手が説明のために何かを書きたがっている時にサッと1枚渡せば、即席のホワイトボード代わりにもなります。

また、ある時には、話し手が撮影のために大事なアクセサリーを取り出してくださった際、テーブルに直置きするのは申し訳なかったので、受け皿代わりに使ったこともありました（まるで茶席の「懐紙」のようですね）。

白い紙1枚は、メモを取る目的だけでなく、話を聞くという現場で、いろいろと形を変えて役立ってくれるのです。

左側に話し手の回答、右側に浮かんだ質問

私はいつも、Ａ４コピー用紙にメモを取っているのですが、さすがに真っ白いままだと使いづらいので、真ん中に縦１本の線を引き、２分割して使っています。書き方のルールについても、ご参考として記しておきます。１４５ページの写真をご覧ください。

メモは〝話を聞く前〟から準備するのがポイントです。

〈話を聞く前に書いておくこと〉

・（左上に）日付とインタビューする相手の名前、媒体など
・（その下に）事前のリサーチで気になったキーワード、インタビュー中に使いたい

キーワードをいくつか

・(右上に) 質問リストを箇条書きで

〈インタビュー中に書くこと〉

・(左側に) 話し手の回答で、印象的だった言葉

・(右側に) その回答を受けて、新たに浮かんだ質問を書く

私は、聞いた話のすべてを記録するためにメモはしません。

あくまで「話を聞きながら浮かんだ問いを忘れないように書き留めるためのメモ」を取っています。

話し手が語ってくれた内容すべての記録はICレコーダーに委ねて、手元のメモで追うことはしません(だから、録音漏れのミスが起きないようにICレコーダーはできるだけ2台体制を心がけています)。

話を聞きながら、「あ! 今の話、もっと掘り下げて聞いてみたいな」と感じた言

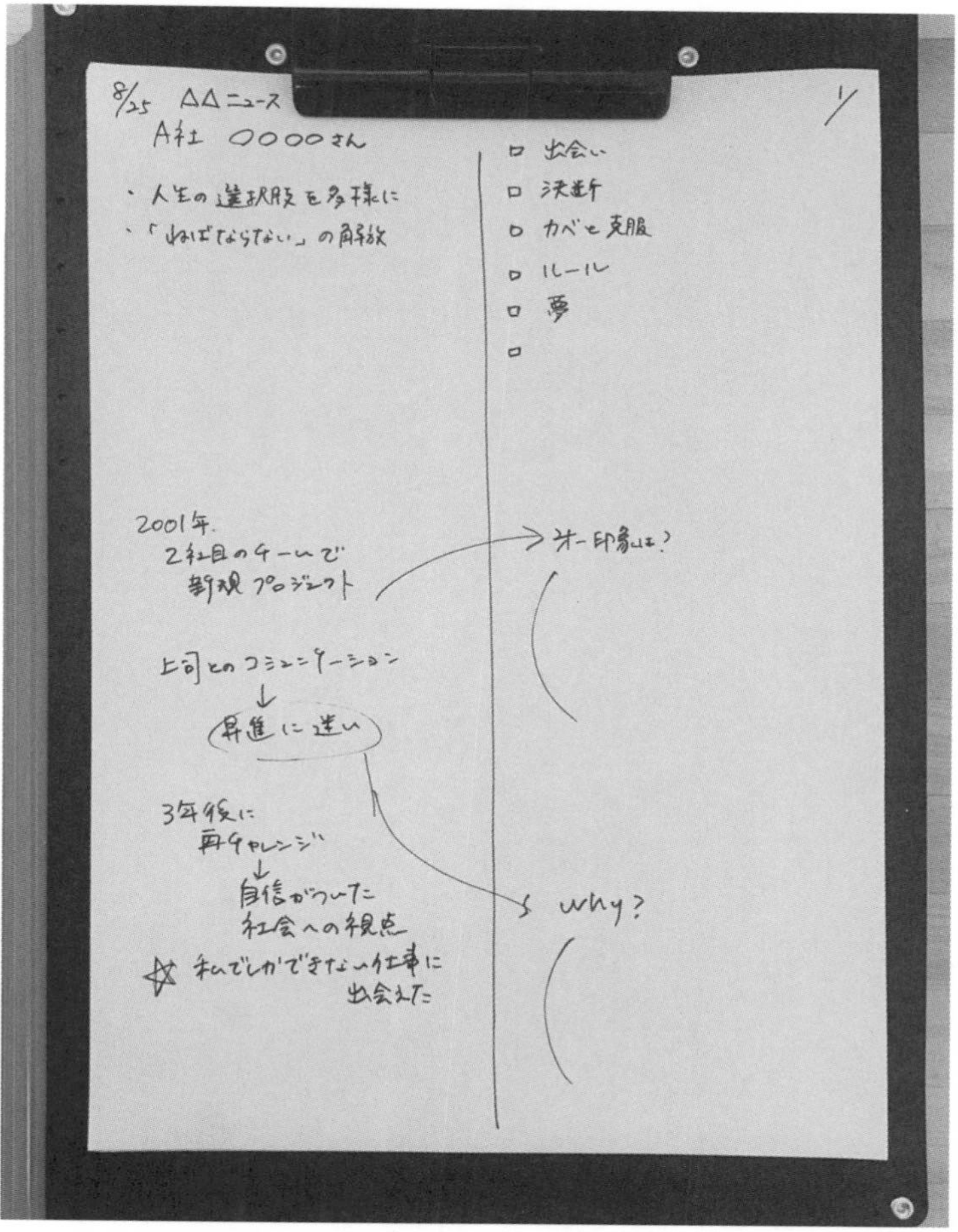

A4コピー用紙の真ん中に線を引いて、聞くべきことと聞いた話を分けて書いていく

葉があればすかさずメモ。

そのワードから矢印を右側に引っ張って、「さらに聞きたいこと」をサッと書いておく。「理由は?」「周りの人は?」など、自分がわかる書き方でいいのです。その間にも話はどんどん進んでいるので、聞くことを邪魔しない程度のメモに留めます。

その「さらに聞きたいこと」メモの下には、大きなかっこを書いておくなどして、パッと見ただけで「埋めるべき余白（回答が欲しい質問）」の存在がわかるようにしておきます。

そして話の区切りがついた時に、メモに残した余白を埋めるよう、**「さっきおっしゃっていた○○についてですが、その時の周囲の反応はいかがでしたか?」**などと質問を投げかけます。

もしも話の流れの中で質問せずとも聞きたかった話が聞けたとしたら、その分の余白はバッテンなどをして、「確認済み」の印をつけておきます。

このようにメモをしていけば、相手の話の流れを止めることなく、より深く理解するために必要な質問を漏れなく書き留められるのです。

これは、あくまで私がやりやすいように改良を重ねたマイルールにすぎません。しかし、この〝問いの余白〟を可視化する手法はかなりオススメです。「あれも聞きたかったのに、話に夢中になって忘れちゃった！」という事態を防げるので気に入っています。

私はまだ習慣にできていないのですが、「ペンの色を使い分ける」というテクニックを実践している人もいます。

ビジネス系カンファレンスでモデレーターとしての登壇経験の豊富な岡島悦子さん（プロノバ代表取締役）がそうでした。

岡島さんが進行役となるステージを拝聴していると、多様なバックグラウンドを持つ登壇者それぞれの強みを引き出しながら、その場で生まれた共通のキーワードを際立たせる見事な進行に圧倒されます。

ある時、ステージ上の岡島さんの手元に1枚の紙があることに気づきました。登壇者の話を聞きながら、時々ペンを動かして何かを書き留めているのです。

私は岡島さんにお願いして、その紙を見させていただきました。

するとそこには、ステージ上の席順と同じ配置で区切られた欄に登壇者の名前が書かれ、それぞれの欄に黒色のペンで「事前に調べた情報のキーワード」がびっしりと書かれていました。

「間違って伝えてはいけないから」と、固有名詞や数字は特に注意深くメモをしておくそうです。

さらに、黒文字の空白を埋めるように書かれていた赤色の文字が。これは、「当日のセッションで登壇者が発した言葉から抽出したキーワード」なのだそうです。

色分けをすることで、パッと視覚的に見やすくなり、進行に役立つのだと教えてくださいました。

華麗なるモデレーションを支える地道な準備と工夫の一端を知り、感動したことを覚えています。

手のひらサイズのサブノートの出番

メモ道具として、サブ的に活用している道具がもう一つあります。それが、手のひらサイズのノートです。

コクヨ製の「野帳スケッチ（3ミリ方眼）」というノートなのですが、表紙の紙が厚くて丈夫なので、下敷きいらずで手に持ったままでもしっかりとメモが取れる点で優れています。用紙も裏移りしない丈夫な紙質で、めくりやすいのも特徴です。

このサブノートが登場する出番は、匿名で込み入った話を聞くようなシーンです。同席者なしで2人だけで話を聞くような時です。

普段、使っているＡ４コピー用紙はサイズが大きいので、話し手の視界にも入りやすく、何を書き留めたのか、相手に気にさせてしまいます。

ナイーブな話題でもできるだけ話に集中してもらうため、手元のメモを見せないようにしたいのです。

だから、「手のひらサイズ」にこだわっています。

使い方も、向きを90度回転させて、「下から上へめくるように」使います。この方向で使うほうが、話し手の視界にメモが入りにくくなるためです。

メモの取り方は、通常のコピー用紙と同じ。真ん中に縦1本の線を引いて、2分割して使っています。

コクヨ製の「野帳スケッチ（3ミリ方眼）」。表紙が丈夫で、下敷きなしでもしっかりとメモが取れる

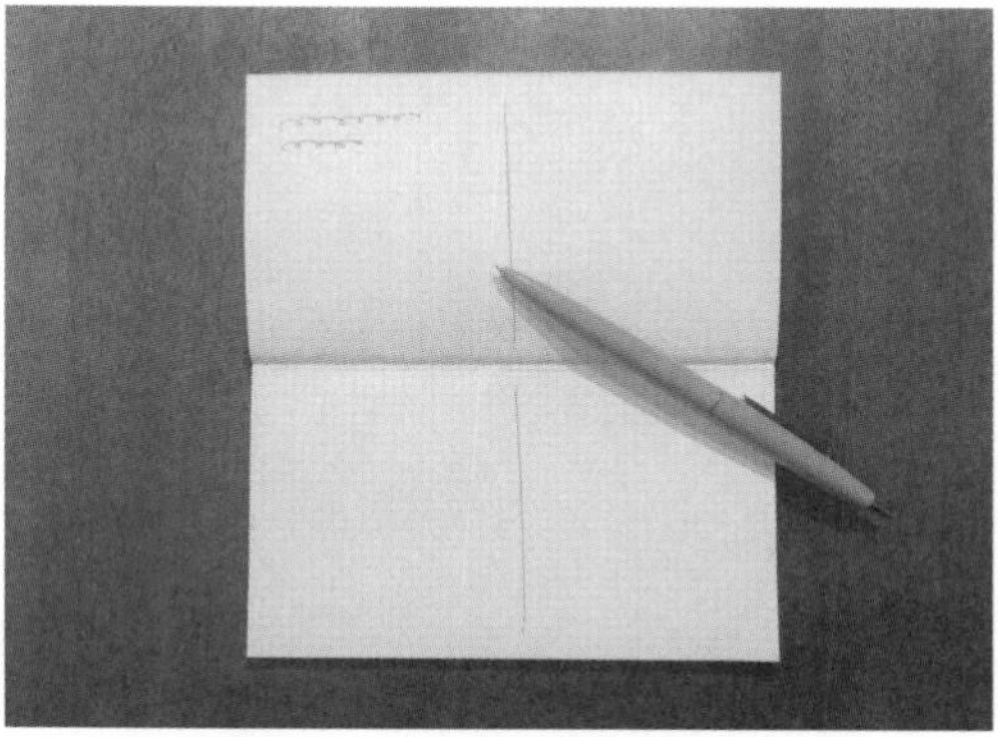

ノートを縦に開いて、下から上へページをめくってメモを書き込んでいく

脱線歓迎！　事前に用意する質問は5つまで

「質問は事前にいくつ準備しておけばいいですか？」

これもインタビュー講座でよく聞かれる質問です。

私の場合は、あまり多くは準備しません。**1時間のインタビューで5つくらい、多くても7つ。本当は3つに絞りたいくらいです。**

事前に考える質問は、準備を入念にした上で、「これだけは聞きたい！」と絞りに絞った最低限の質問にするほうがいいと考えています。

なぜなら、寄り道や脱線ができる〝時間の余白〟が生まれるからです。

143ページからのメモの取り方の実例で示したように、**私はインタビュー中に生**

まれた〝想定外の問い〟をどんどん活かしたいと思っています。

そのほうが生身の人間がライブで言葉を交わし合うインタビューならではの価値が生まれるからです。

インタビュー講座を始めるに当たって、取材される機会の多い著名人の方々にヒアリングをお願いしたことがあります。

そこでよく挙がったのは、「機械的に特定の項目をチェックしていくようなインタビューは退屈です」という証言（というかクレーム）でした。

Aの質問をして、せっかくA'の質問へと発展できそうなのに、予定していた通りの質問、Bを続けてしまう。

これではもったいない！

計画通りに項目を埋めていくだけであれば、メールのやりとりで十分です。

与えられた時間が1時間だとして、挨拶や冒頭の説明などを除いて、インタビューにかけられる時間は正味、50分もありません。１つの質問につき、さらに1〜3つの

質問はいくつ用意する?

- 5〜7つくらい（余白が大事!）
  手元のメモに書いておく
- 質問の順番は、
  最初と最後だけ決めておく

〝アドリブ質問〟を追加するとして、1つの質問にかける時間は10分程度。すると、50分間で事前に用意する質問は5つくらいが最適ということになります。

質問を忘れないようにメモする時は、「出会い」「決断」「夢」など、その単語を見れば質問文を思い出せるくらい、キーワードを抽出して書き出すようにしています（145ページ写真参照）。

人によっては、質問内容を文章にしてプリントアウトして持参するようですが、私は不器用なので、インタビュー中に「話を聞きながら、文章を読む」ということができません。

質問事項はパッと見ただけでわかる単語のレベルまで質問を削ぎ落として、メモの目立つ位置に書いておくようにします。そして、質問ができた順にチェックを入れていき、聞き漏れを防ぎます。

質問の順番については、こだわりません。

最初と最後にしたい質問だけ決めておき、その間の順番については、インタビューの流れを重視して、できるだけ自然に展開できるように心がけています。

脱線してもいい。
寄り道してもいい。
順番も決めなくていい。

もっと自由に、力を抜いて。
聞き手が自分自身を解放するほど、インタビューはおもしろくなります。
その醍醐味を味わうコツについて、次の章で話を続けたいと思います。

第5章のまとめ

- ☑ メモは紙一択、感動のメリハリをそのままに、手書きの文字で書き残していく
- ☑ メモに使うのはA4コピー用紙。バインダーに10枚ほど挟んで、自由に書き込んでいく
- ☑ メモのコツは中央に1本の線を引き、右側に浮かんだ質問を、左側に話し手の回答を書く
- ☑ デリケートな取材の時には、手のひらサイズのサブノートを活用する
- ☑ 事前に用意する質問は5つくらい。忘れないように手元のメモに書き込んでおく

第6章

質問せずに、本音を引き出す

インタビュアーという職業は、「質問のプロ」というイメージを持たれがちです。

しかし、ある時、気づいたのです。

「私、ほとんど質問をしていないかもしれない」と。


自分でも衝撃的な発見でした。

私のインタビューによく同席している編集者に伝えると、「そうですよ。宮本さんは質問っぽい質問をしていないですよ」とニコニコ。「でも、会話が展開していくから不思議なんですよね」と続けてくれました。

ここから、私の自分研究が始まりました。

インタビュー中に、私は質問をしない代わりに何をしているのか？

オンラインの取材で録画した映像を振り返ったり、過去に私のインタビューを受けてくださった方々にヒアリングしたりして、その答えを探しました。

結果を、ここに発表します。

脱・一問一答！「想定外インタビュー」を楽しむ

第5章で、「事前に用意する質問は少ないほうがいい」という話をしました。その理由が、〝想定外を楽しむ余白〟をつくるためであることも。

「想定外なんて、どこからどうやって？」と不安になった人もいるかもしれませんね。

大丈夫です。想定外のタネは、必ず見つかります。

タネは、目の前の話し手の〝言葉の奥〟に隠れています。

聞き手による質問1つに対して、話し手は答えを1つ、返してくれます。

でも、会話はそれで完結するわけではありません。

話し手の言葉をよく聞き、その表情をよく観察していると、「この部分についてもっと詳しく話したいことがある」「今の話を通じて本当に言いたいことはほかにある」といった、突っ込んでほしいサインを感じ取れることがあります。

例えば、おもむろに「いやぁ、ここ1週間くらい眠れなくて」と言い出すなど。声のトーンがちょっと明るく、聞き手に目を合わせてくるようなら、その背景に何か明るいニュースがあるサインです。

「どうして眠れないんですか?」と聞いてみたり、**「いつも元気な○○さんでも、眠れない時があるんですね」**と返すだけで、こんなリアクションがあるはずです。

「実は今、すごく力を入れているプロジェクトの開発が佳境なんですよ」

あるいは、話し手が聞き手の理解度を探りながら、慎重に言葉を選んでいる様子を感じ取れることもあります。

「この話、ちょっと複雑で誤解されやすいんだけれど、どこまで理解してもらえるのかな……」と聞き手の反応をうかがいながら、まずは当たり障りのない説明から始めるような場合です。

口調、表情、背景など、言葉以外の情報を総動員して、話し手が本当に言いたいこ

インタビューでは流れを最優先！

- 寄り道・脱線を前提とした質問を用意する
- 機械的な質問展開は相手を退屈にさせる

「予定調和の確認作業のようなインタビューは残念」との証言多数あり

とは何なのか、伝えたい何かが隠れていないかを、全力で探ってください。

すると、一問一答からあふれ出す〝想定外〟のコミュニケーションへと展開されていきます。

私は質問するというより、「相手にもっと話してもらうために、どんなリアクションをしたらいいか」と考えながら、言葉を返すようにしています。

事前に用意した質問事項をチェックすることよりも、「たった今、目の前に生み出された言葉をもっと活かす」ことで、インタビューの内容を広げ、深めたいのです。

具体的にどんなリアクションをしているのか、４つのパターンを紹介します。

話の流れをつくる「4つのリアクション」

あらためて考えてみると、インタビューはとても乱暴な時間です。

「はじめまして」と顔を合わせたばかりの二人が向かい合い、「聞き手」が「話し手」に遠慮なく質問をし始める。

こんなコミュニケーションが許されるのは、その時間が「インタビュー」と名づけられた特別な時間だからです。

街角で出会った人からいきなり根掘り葉掘り質問されることなんて、普通はあり得ませんよね。そんな事態に遭遇すると、人は恐れやイラ立ちを感じるはずです。

つまり、本来であれば「(ほぼ初対面の相手から)いろいろと質問をされる」ということは、非常にストレスフルなものなのです。

この前提に立ち、できるだけ話し手のストレスを減らそうと考えると、自然と「次から次へと畳みかけるような質問はしない」という方針が定まります。

Aについて聞き、次はBについて聞き……と、ぶつ切れで話題を変えながら質問を繰り返すと、話し手は疲れてしまいます。

できるだけ自然に会話するように、質問を展開するのが理想です。

相手の話に〝流れ〟を加え、展開を促進していくような問いかけを心がけましょう。

質問というよりも、相手の言葉に反応する「リアクション」を繰り返すという感覚です。

流れをつくるリアクションとして、私がよく活用している4つを挙げてみます。

ここで説明しているのは、「聞いた話を記事にまとめる」ことを前提としたインタビューでのリアクションですが、普段のコミュニケーションにも、十分に活かせるはずです。

❶ 掘る

「あ、今の話はインタビューのテーマに深く関わりそうだな」

そう直感できるエピソードを話し手が語った時には、その時に起きたことをより詳しく、具体的に聞くようにしています。

「その時、どう感じたんですか？」

「その出来事が起きた後、何か行動に変化は起こりましたか？」

「周りの人はどんな反応をしましたか？」

「掘る」イメージで、エピソードの解像度を上げ、その時の状況や感情、前後の変化などを明らかにしていきます。

❷ つなげる

「あ！　さっき言っていたことと、似ているかも……」

インタビュー中、すでに出た話との共通点を感じたら、これに挑戦してみましょう。

〝つなげる〟のです。

「今おっしゃったことは、さっきお話ししてくださった3年前の転職の決断の理由にもつながりますね！」

こんなふうに話し手が明かしてくれたエピソードの中から、結びつきを発見したことを率直に伝えてみるのです。

案外、話し手はそのつながりを自覚していないパターンも多く、「自分では気づいていなかったけれど、言われてみればたしかに結びつきますね」などと目を丸くされることもよくあります。

その人が無意識に大切にしてきた価値観やこだわりを再認識できたことになります。

例えば、ある若手起業家はインタビュー中に何度も「フェアでありたい」という言葉を使っていました。

社内のエンジニアチームのマネジメントについて「社長と社員という上下関係では

なく、仲間として信頼関係を築きたい」という話があった後、いくつかのエピソードを挟んで、顧客に対する利益還元のあり方について話が及びました。

ここで私は、彼の姿勢から「フェアでありたいという姿勢が共通しているな」と感じました。

感じた印象をそのまま伝えると、彼は「たしかに同じだと思います」と答え、さらに「なぜフェアでありたいのか」という哲学の背景について話を深めてくれました。

「たしかにつながりますね」という本人の気づき（あるいは再認識）に立ち会うことに、インタビューの大きな意味があります。聞き手と話し手が一緒に、一つのキーワードを〝握る〟ことができるからです。

発見した一つのキーワードが、そこから先のインタビューの軸となっていきます。

❸ 転がす

話し手の答えを、〝ほかのシーン（分野）〟にも横展開させられるかどうかを確かめるリアクションです。

インタビューで役立つ「掘る」「つなげる」

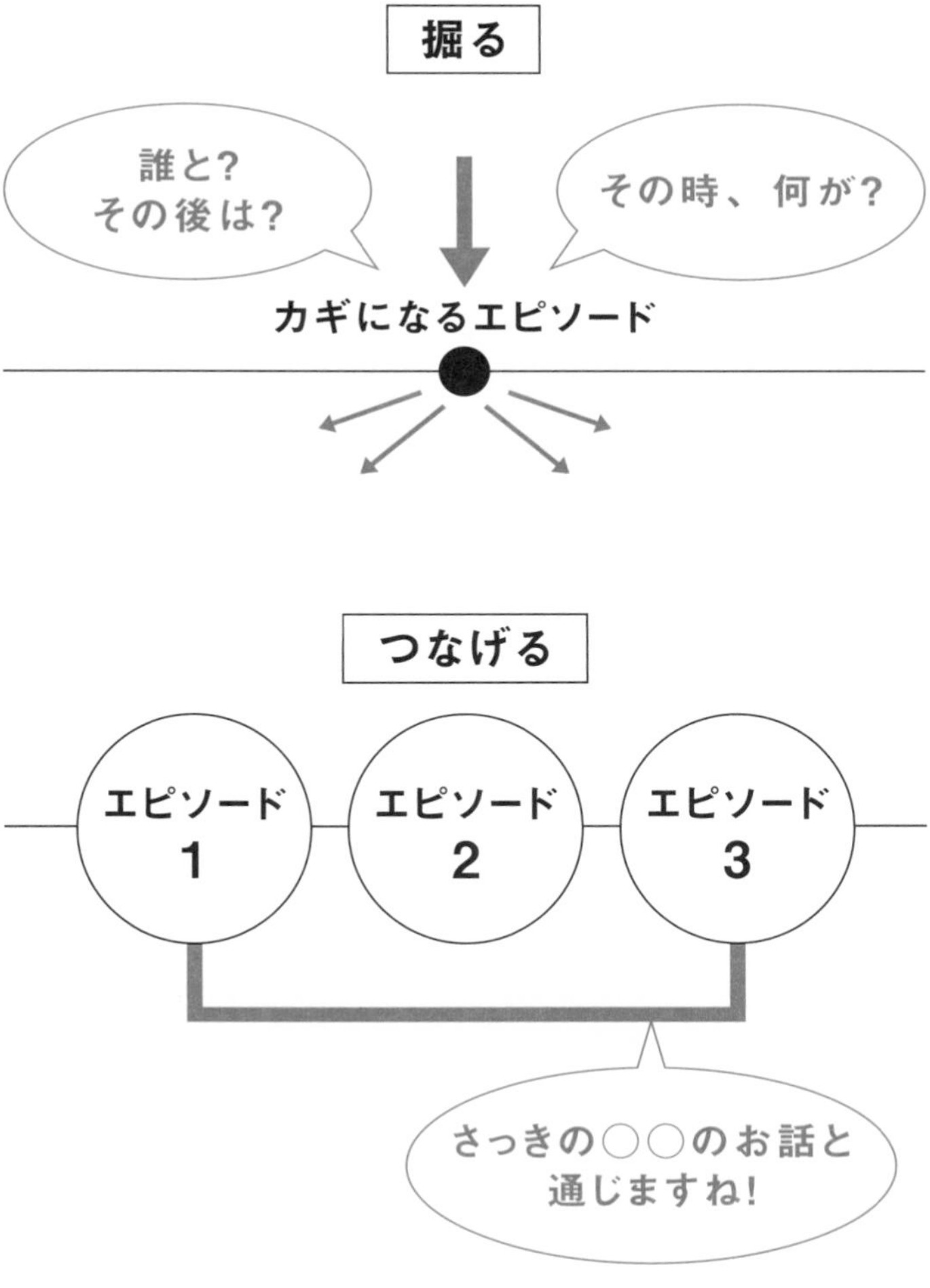

❷の「つなげる」がインタビューの中で、話し手が口にした言葉の中から共通点を探るのに対し、「転がす」はインタビューの中でまだ語られていない事柄との関連性について探して、エピソードの価値を膨らませます。

例えば、仕事を効率化するための日常習慣について、おもしろい答えが返ってきたとします。

一通り、詳細を聞いた後、「仕事以外」にも同じような習慣がないかを聞いてみる。これが「転がす」ということです。

「今教えていただいた工夫、なんだかプライベートでも応用できそうですね！」

質問をしているわけではないのですが、こう伝えるだけで、たいていの話し手は「そうですね。応用できると思います」と乗ってきてくれます。

すかさず**「例えば、どういうふうに？」**と重ねてみましょう。きっとおもしろい実践例を話してくれるはずです。

インタビューで役立つ「転がす」「渡す」

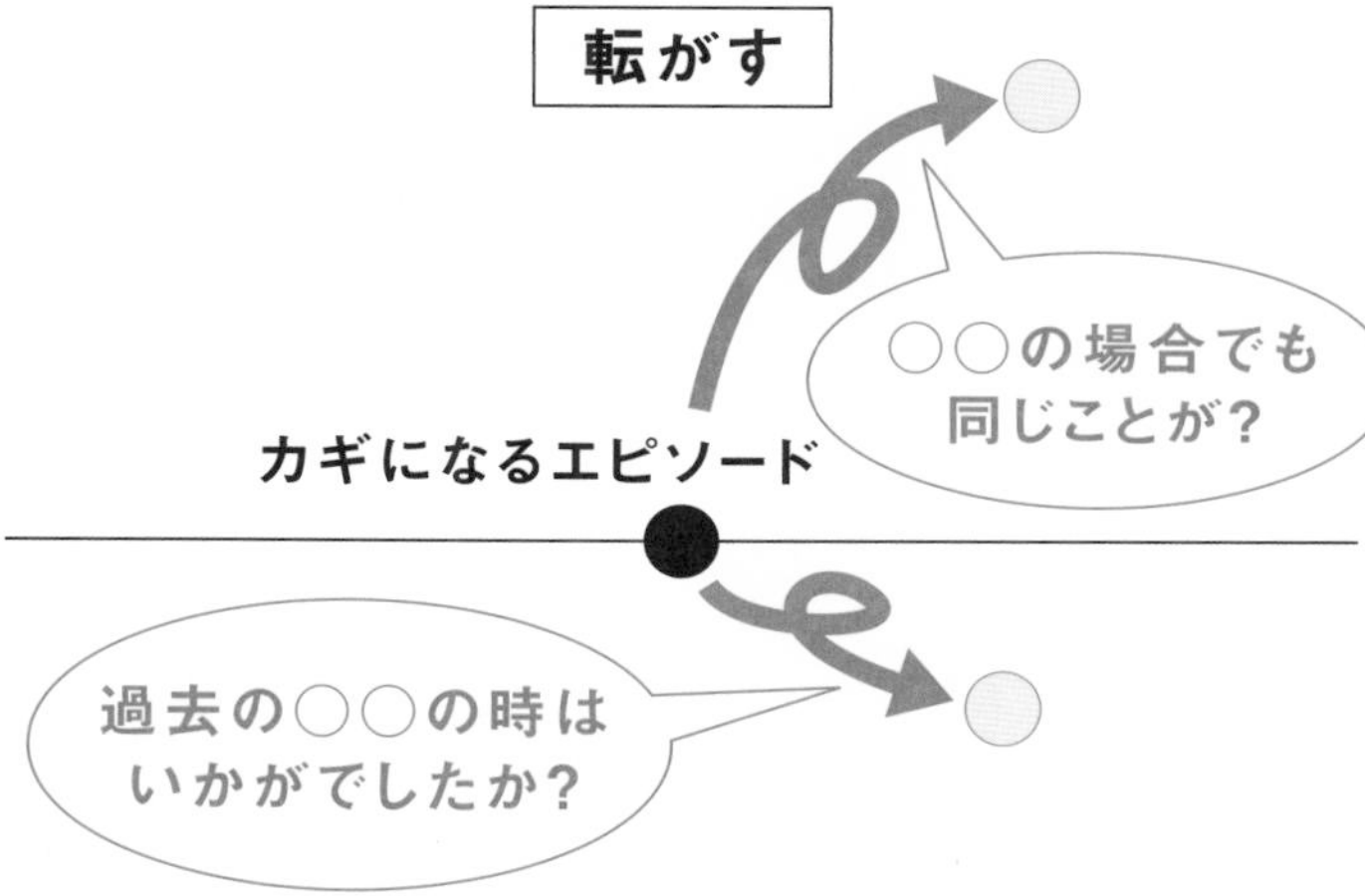
転がす
○○の場合でも
同じことが？
カギになるエピソード
過去の○○の時は
いかがでしたか？

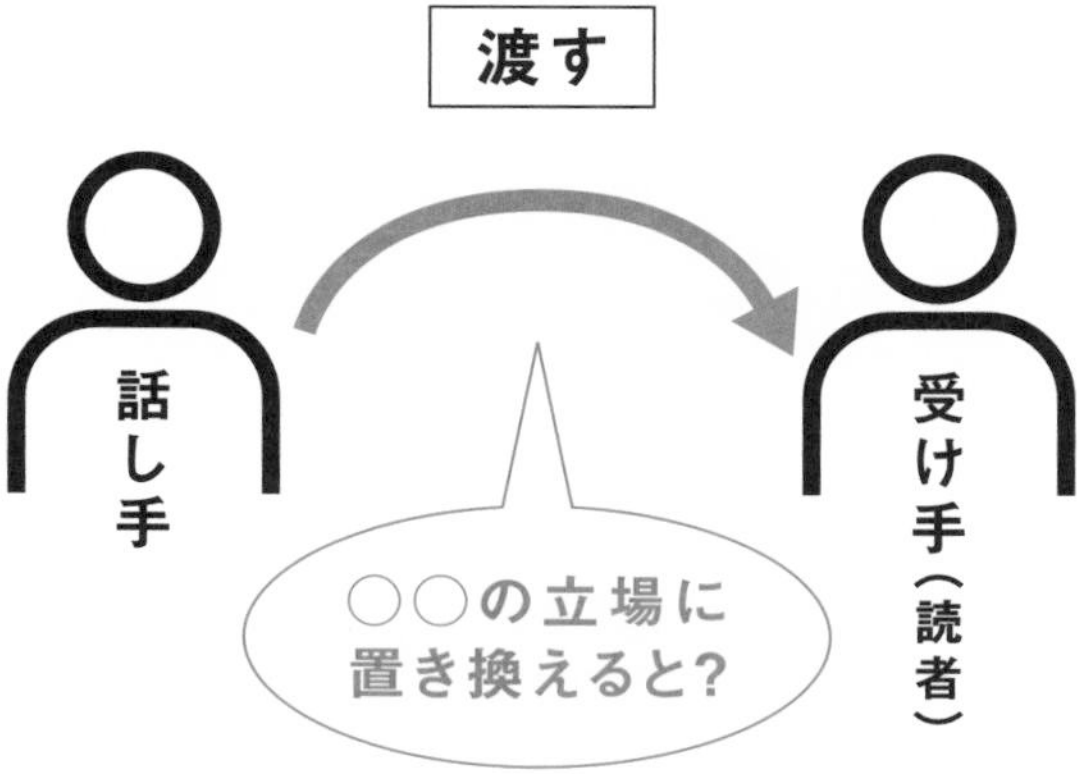
渡す
話し手
受け手（読者）
○○の立場に
置き換えると？

すると「仕事で実践している効率化の習慣を、私生活にも応用できている」というエピソードが聞けたことになります。「転がす」リアクションによって、その人の公私に共通する価値観が明らかになるわけです。

複数のシーンにまたがって貫かれる価値観が一つ見つかるだけで、人物像の理解は深まります。

そんなエピソードは間違いなく、記事の読者にとっても説得力のある話となるはずです。

「今のお話、有名な○○の出来事とも関連はありますか？」「学生時代の留学経験とも結びつきますか？」などというふうに、事前に調べてきた情報を引っ張り出して、関連を聞いてみるのも効果的です。

❹ 渡す

聞き手の役目は〝ブリッジ〟。インタビューで語ってくれた話し手の内容を、読者へ〝渡す〟役割を担っています。

話し手が語った言葉を、読者の目線に立って咀嚼《そしゃく》し、表現を変えて、よりわかりやすく理解してもらうためのリアクションです。

インタビューの依頼を受けるような方というのは往々にして「すごい人」、世間から一定の評価を受けた成功者であることが一般的です。

その立場の人が語る内容をそのまま伝えると、「成功者による特別な成功談」として受け取られ、読者に距離を感じさせてしまうこともあります。

その距離を縮めるために、こんな問いを返していきます。

「さすがですね。初心者でも今すぐにまねできるアクションがあるとすれば、何でしょうか？」

話し手に、〝過去の自分〞に立ち返ってもらうのもいいでしょう。

目の前の話し手がたたき上げの社長で、今は1000人の組織を率いていたとしても、過去には現場で奮闘していた時期もあったはずです。

想定する読者層が30代～40代のビジネスパーソンだとしたら、その目線に寄せて問いかけます。

「30代～40代の頃のご自分にアドバイスするとしたら、何と言いたいですか？」

「今、教えていただいたノウハウを、現場のチームメンバーの立場で実践するとしたら、どんな方法がありますか？」

こういった「渡す」リアクションは、話し手に対して、〝読者の存在〟を暗に伝えるメッセージも込めています。

あなたが話している相手は、目の前にいる一人の聞き手ではない。その先にいる無数の読者である。読者に役立つ価値を、一緒につくり上げていきましょう――。

そんなメッセージを繰り返し伝え、話し手と一緒にメッセージをつくっていくことも、インタビュアーの大切な仕事なのです。

感情よりも「情景」を聞く

ここで一つ、私がフリーランスとして独立して以来、長らくお世話になっているジャーナリストの浜田敬子さん（元『ＡＥＲＡ』編集長、「Business Insider Japan」前統括編集長）からいただいた貴重なアドバイスを紹介します。

新聞社で記者としての基礎力を磨き、ウェブ媒体を立ち上げた浜田さんのキャリアには数々のハイライトがありますが、その一つがニュース週刊誌『ＡＥＲＡ』の名物連載「現代の肖像」です。

時代を象徴する人に焦点を当てて、その輪郭と内面をリアルに描くドキュメント・シリーズを育てた経験について、浜田さんには幾度となく語っていただきました。

インタビューのコツについて伺った際、浜田さんはこうおっしゃっていました。

「人物ドキュメントを書く目的のインタビューでは、話し手の感情を聞くよりも、情景を聞いたほうがいい。その時、どんな部屋に誰が一緒にいて、どんな会話を交わしたのか。映画のワンシーンを描くように聞き出していくほうが、感情の理解につながることは多いんですよ」


例えば、スタートアップの経営者に創業期の苦労について聞くとします。

「当時はどんな気持ちで過ごしていたのですか?」と質問したとして、おそらく話し手は「うーん、どんな気持ちだったかなぁ……」と少し答えに困るでしょう。

答えてくれたとしても、「売り上げもまだ少なくて、みんなで節約していて。とにかく情熱だけで乗り切っていた感じですね」くらいの抽象的な回答が戻ってくる可能性が高いはずです。


ここで、浜田さんの言う「感情ではなく情景を聞くテクニック」を応用してみましょう。

「創業当時は、どんなオフィスで、何人くらいで働いていたんですか？」

こう聞くと、話し手の答え方もかなり変わってきます。

「そうですね。今はこんな立派なビルに入居できていますけれど、あのころは都心から離れた雑居ビルの安い部屋しか借りられませんでした。しかも、エレベーターがなくて。まだ社員も5人しかいなかったから、僕も電話番をしていましたね。『早く引っ越せるように、みんなで頑張って稼ぐぞ！』というのが合言葉でした」

いかがでしょうか？　漠然と感情を聞くよりも、このほうがずっとイキイキと、当時の心情が伝わってきますよね。

私は浜田さんからこのアドバイスを聞いて以来、「今のエピソードを再現ドラマにするとしたら、どんな情報が必要になる？」という視点で、「掘る」ための問いを重ねるようにしています。

「登場人物は誰か？」「その日の天候は？」「印象的なセリフと、それを言った人の表情は？」「会話の後、その人はどんな行動をした？」「その晩はいつもと同じように眠れたのか？」などなど。

エピソードをより具体的に描き出せるように情報を集めていくのです。

1万字を超える長い記事の中に、1つか2つ、詳細に描かれたシーンがあるだけで、物語がぐんと立体的になり、リアリティが高まります。人物ストーリーを書くためのインタビューに挑戦する時には、特にオススメしたいテクニックです。

また1on1や誰かの悩みを聞くようなシーンでも、「その時、どう感じたの？」と漠然と聞くのではなく、その時に話し手が見たものや感じたこと、聞こえた音、具体的に発した言葉などを聞き出していくと、より深く話を聞くことができます。

いきなり感情そのものを引き出そうとしても、話し手は警戒してしまいます。しかし、周辺の情報から少しずつ語ってもらえば、心理的な抵抗感が薄れ、スムーズに会話を深めていくことができます。

「自分からは言い出しづらいこと」を引き出す

コミュニケーションとは「言葉のキャッチボール」。そう考える人は多いかもしれません。

事実、相手の発する言葉から、理解を深めることがコミュニケーションです。

しかしながら、言葉は必ずしも正直であるとは限りません。むしろ常に疑ってかかったほうがいいと、私は感じています。

その人が話す言葉を受け止めながら、「本当にそう思っているのかな？」「実はもっと伝えたいことが隠れているのかもしれないな」と目と耳を凝らしています。

誰でも「自分からは言い出しづらい、けれども機会があれば伝えたいと思っていること」があるのです。

自分から積極的に伝えることはないけれど、誰かに開けてもらうのを待っている心の中の柔らかな包み。それをそっと開けることができるのは、聞き役を許されたインタビュアーだけです。

「包みを開いてほしい」という話し手の心の声が聞こえたらすかさず反応しましょう。

「途上国から世界に通用するブランドをつくる」を理念に掲げ、バッグやジュエリー、衣料品を展開するマザーハウスの代表兼チーフデザイナー、山口絵理子さんにインタビューした時のことです。

山口さんは職人気質でデザインへのこだわりが強く、だからこそそのカリスマ性を備えた経営者。たった一人で始めた会社をグローバルカンパニーへと成長させた実力の持ち主です。

話題がチームづくりに及んだ時、山口さんの声のトーンが少しだけ低くなりました。

「私、スタッフの気持ちに寄り添うのが本当に苦手なんですよ。いつも失敗しています」と言うのです。

たしかに彼女は過去の記事や著書の中でも、「コミュニケーション下手」を公言していたことを思い出しました。

ものづくりのセンスは抜群なのに、チームマネジメントは不得手である。

彼女が話した内容を言葉通りに受け取ると、このような理解になります。そのアンバランスな不完全さを、彼女の人間的魅力として伝えられる可能性もありました。

でも私は、「今の言葉は本当ではないかもしれない」と感じました。

なぜなら、客観的な実績が、彼女の言葉とは真逆のことを示しているように感じられたからです。

そこで、あえて彼女の言葉をこう否定してみることにしました。

「山口さんのブランドは、これだけ多くの店舗を増やしているし、お店で働いている人も楽しそうに見えます。それができるのは、上に立つ人の求心力があるからだと思うんです。『スタッフの気持ちに寄り添うのが苦手』とおっしゃいましたが、ならば、どんなコミュニケーションを日頃から心がけているんですか？」

こう聞くと、山口さんは表情を緩めて、これまでの失敗や試行錯誤も含めて、チーム形成のために重ねてきた努力についてたっぷりと語ってくださいました。

「コミュニケーション下手」を自認する山口さんが実践するチームづくりは、同じような課題を抱える読者にとって、とても価値のあるエピソードになったはずです。

おそらく山口さん自身もそのことを自覚していて、「いつか話せる機会がきたら話してみたい」と思っていたのではないでしょうか。

何より、彼女の奥に隠れていた知られざるエピソードを聞けたことが、私はとてもうれしくて、もっと話を聞いてみたいという気持ちになりました。

言い換えや比喩で「言語化のアシスト」を

人前で話すことに慣れている方は、自分の経験や価値観について整理する機会が多く、何を聞いてもスラスラと答えが返ってきます。ただ、それでも「未整理の思いや体験」は必ず存在しています。

インタビューを受けることに慣れていない人はなおさら、自分のことを的確に表現するのに苦労して、なかなか言葉が出ないこともあります。

「何と言ったらいいのかな……」「それは考えたことがなかったな」

そんなふうに思考を巡らせる瞬間に立ち会えるとしたら、インタビュアーの腕の見せどころです。**喜んで、話し手の〝言語化のアシスト〟をしていきましょう。**

人は誰でも、自分のことを誤解なく理解してもらいたいと願っています。

そのために言葉を尽くすのですが、「もっと最適な表現があるのではないか」と探し続けています。

話し手にとってインタビューとは、「私は自分自身をこう理解している」と、自己理解を表明する場でもあります。話し手の自己理解をサポートする〝合いの手〟を入れるような気持ちで、聞き手も話し手の自己表明の過程に参加するのです。

「それって、こういうことですか？」

「例えば、こんな表現になりますか？」

「つまり、こんな理解で合っていますか？」

どんどん言葉のサンプルを差し出していきましょう。

話し手の感覚にピタッとハマる言葉を差し出して、「そうそう、そういうふうに言いたかったんです！」と喜んでもらえると、その後の話はさらに盛り上がります。

聞き手として、喜びを感じるのはこんな時です。

「言語化」をアシストする

思考を整理するのが得意な人でも
「未整理の思いや体験」はたくさんある

- 言い換えてみる
- 例を出してみる
- じっと待つ

その人の自己理解や、自分自身の再発見の手伝いができた時。大袈裟でなく、自分の存在価値を認められたようで、「今日、この人に話を聞けて本当によかった」と幸せな気持ちで満たされます。

本章の冒頭で、「私はインタビュー中にあまり質問をしない」と述べましたが、質問の代わりにやっていることは、これ。話し手が伝えたいと思っていることの言語化のアシストであり、「聞き手の解釈を投げかける」と表現することもできるでしょう。

実際、私のインタビューを聞き返すと、**質問よりも解釈を投げかけていることが**

多く、この解釈がうまく機能した時ほど、会話が深まっているとわかりました。

「聞き手が解釈を投げかけて、本当に大丈夫ですか？」と不安に思う人もいるかもしれません。

本当に大丈夫です、という話を続けます。

間違ってもいい！「自分なりの解釈」をぶつける

まず、「解釈」とは何かと突き詰めると、「自分なりに考えた仮説」です。
話し手が考えを整理しながら、その説明を聞き、「つまり、こういうことを言いたいのかな？」と見えてきたキーワードを伝えてみるのです。

「その時に初めて、ありのままの自分になれたということですか？」
「『利他のリーダーシップ』を大事にしたいと思っているんですね」

相手が発した言葉をそのまま使うのではなく、自分なりに抽象化して、新たな表現に変えて伝えるのがポイントです。

質問よりも大切な解釈とは？

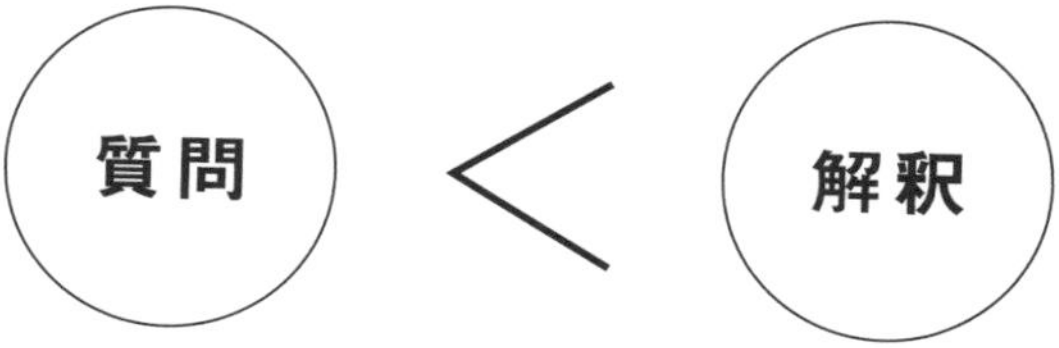

△ 相手の言葉のおうむ返し

○ 自分なりの表現に置き換える

なぜなら、話し手はずっと気にしているのです。「自分の話を、ちゃんと理解してくれているかな」「正しく伝わっているだろうか」と。

自分が言った通りの言葉をおうむ返しに繰り返すだけでは不安に陥ってしまいます。それよりは、不完全でもいいから、聞き手が自分なりの解釈を伝えるほうが、話し手は安心します。この解釈力は、聞いた話を書いてまとめる時にも役立ちます。

いきなり自分の解釈をぶつけるのが怖かったら、話し手が使った言葉の中からキーワードを拾って、繰り返すことから始めても大丈夫です。

だんだん慣れてきたら、少しずつ自分の言葉に変えていきましょう。

もしも、間違った解釈を伝えてしまったら……？

最初はこう不安になるでしょう。

でも、大丈夫です。よほどの準備不足が露呈するようなことがない限り、「精一杯理解をしよう」と努める聞き手に対して、話し手が怒りを向けることはありません（と信じています）。

むしろ、間違ったとしても、結果はいい方向へ転がります。


聞き手が自分なりの解釈をぶつけた時の話し手の反応は2種類しかありません。

「肯定」か、「否定とその修正」か。

肯定された場合は「正解！　その通り！」というお墨付きをいただいたということなので、めでたしめでたしですね。

2つ目の否定とその修正が「めでたし」ではないかというと、そうでもありません。

むしろ、肯定以上に収穫があるのです。


「いや、そうではなくて、どちらかというと○○なんですよ」

解釈をぶつけた時の反応

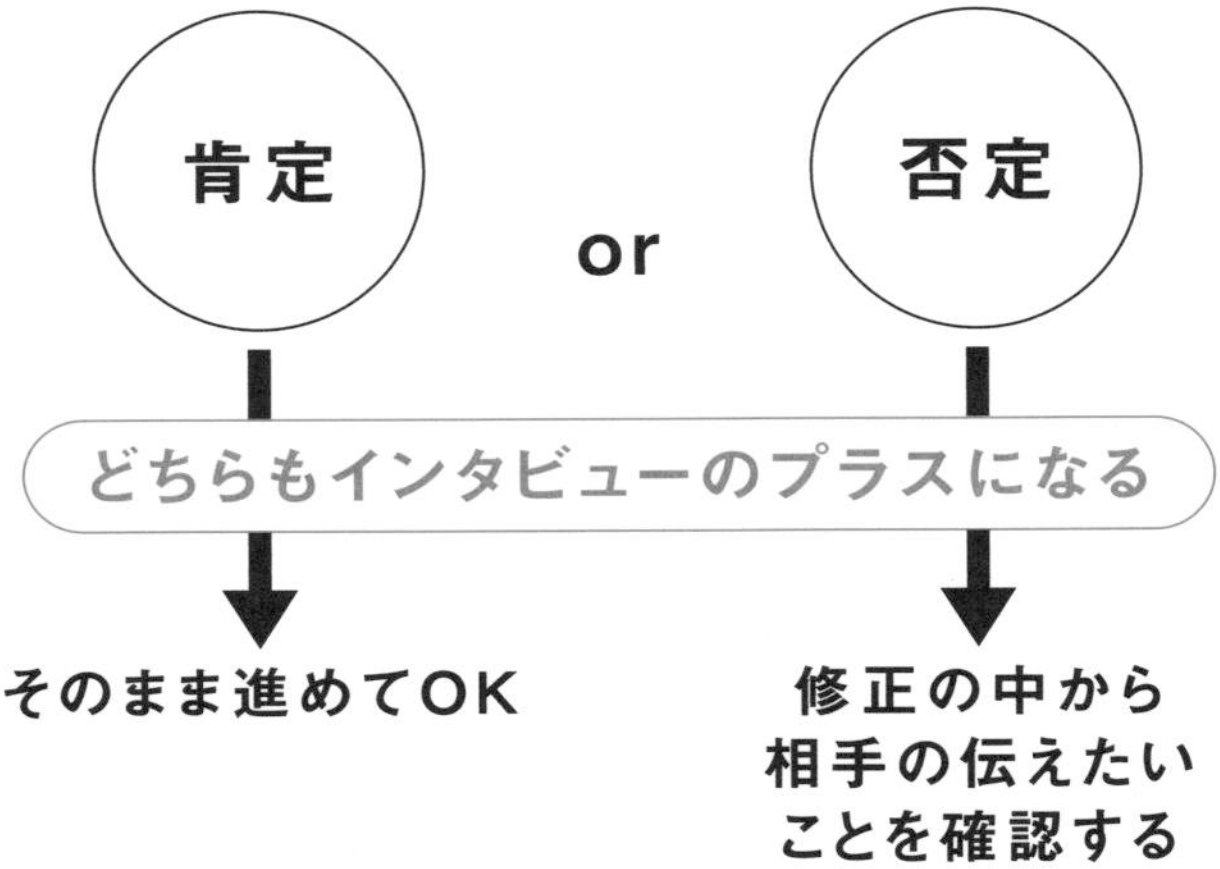
肯定
or
否定
どちらもインタビューのプラスになる
そのまま進めてOK
修正の中から
相手の伝えたい
ことを確認する

そんなふうに話し手がわざわざ修正してくださった言葉を聞き逃すなかれ。そこには、〝ぜひとも強調したいニュアンス〟が込められています。

聞き手の解釈がたたき台の役割を果たして、お互いに理解を深めるのに役立ったということになります。ナイス・アシスト！と考えていいと思います。

ということで、堂々と解釈にチャレンジしましょう。

「あの人に話を聞いてもらうと、自分の思考が整理されて言語化できる」といった価値を話し手に感じてもらえるようになれば、最高です。

これはインタビューばかりでなく、普段のコミュニケーションにも大いに役に立ちます。

仕事仲間や家族、友達の相談に乗る時、話を聞いて、たとえ解決策を提示できなかったとしても、相手の話を自分なりにしっかりと受け止めて、解釈を投げかける。それだけでも話し手は、自分の頭の中を整理し、悩み事や困り事の本質がくっきりと見えるはずです。

解釈のセンスをキュッキュッと磨きましょう。

沈黙は怖くない、「待ち上手」になろう

言語化のアシストをする際に、身につけたい力がもう一つあります。それが、「沈黙を待てる力」です。

ある質問をしたら、「……」と数秒間の沈黙が！

耐え切れず、話題を変えてしまった。

そんな経験、誰にでもあるのではないでしょうか。私もあります。

でも沈黙はなぜ起こるのか、その原因を考えてみると、沈黙が怖くなくなります。

質問の後の沈黙は、話し手の言葉がすぐに出ない状態、つまり言語化までに時間が

かかっているから生じているだけです。

言い換えれば、「これまで言語化されてこなかった思い」や「とても大切で、慎重に紡ぎたい言葉」が誕生する可能性を持つ時間なのです。

だから、沈黙は待ったほうがいい。でも、沈黙は不安になる。

話し手も気にしていることでしょう。「黙ったら悪いな」と焦って生煮えの回答を出してしまう人も少なくないはずです。

沈黙不安を解消するとっておきの一言があります。シンプルに「待ちます」と伝えればいいのです。

「今、じっくり考えようとしていますよね。私は待ちますので、どうぞゆっくり考えてください」

聞き手がそう伝えたら、お互いに「沈黙の時間を許し合う」という約束が交わされることになります。すると安心して、「……」の時間を受け入れられるわけです。

待つ間、聞き手は手元のメモを見返すなどして、相手の思考を邪魔しないようにして過ごすといいと思います。

つい先日も、社会起業家として活躍する小沼大地さん（ＮＰＯ法人クロスフィールズ代表理事）に1時間ほどインタビューをした際、最後の質問で、「あなたにとって夫婦とは？」と聞きました。

質問を受け、「ちょっと待ってくださいね。ちゃんと考えて答えますね」と言ったまま、宙の一点を見つめながら考え始めた小沼さん。私は「はい。待ちますね」と伝えて、2分ほど経ちました。

オンラインの画面上で2分の沈黙というのは、結構長いものです。

しかし、「待つ約束」を交わしたことで、お互いに苦痛にはなりませんでした。

再び口を開いた小沼さんの答えは、「究極の共助関係」というもので、この日のインタビューの内容を一段も二段も充実させる話で締めていただくことができました。

沈黙は怖くない。むしろ積極的に味方につけましょう。

その方法も決して難しくはありません。「待ちます」と一言、伝えればいいのですから。ぜひ、お試しを。

「おもしろいです！」と素直に伝える

優れた聞き手は相槌がうまい、とよく言われます。

「へー、そうなんですか」「なるほど」などなど、話を積極的に聞いていることがわかりやすく伝わるリアクションは、どんどん示すといいと思います。

繰り返しになりますが、話し手だって不安なのです。

「今日のこの話、本当に役立つのかな。おもしろがってもらえているかな」

そんなふうに思いながら、聞き手の反応をうかがいつつ、言葉を重ねている人がほとんどではないでしょうか。

だからこそ、リアクションで伝えることが大事なのです。

私は本当におもしろいと思った時には、素直に「おもしろい！」と大きな独り言を口に出しています（意識して出すというより、本当に自然と出てしまっているのですが）。「そんなことって本当にあるんですね」「初めて聞きました」「意外です！」など、驚きもストレートに声に出します。

「今の話、おもしろいです」と素直に伝えれば、その反応を見た話し手は、「よし、ならばこの話をもっと続けよう」と話の展開を決めることができます。結果として、インタビューの内容がより魅力的なものになっていきます。

これはモデレーターの名手として、さまざまなイベントに引っ張りだこの西村創一朗さんから得た学びでもあります。

西村さんがホストを務める対談シリーズの執筆をしていたのですが、西村さんはとにかくリアクションが上手。目を大きく見開き、姿勢や手振りの変化も加えながら、「へー！」「すごい！」などと間髪入れずに反応し、話し手をどんどん乗せていく。

さらに、スピーディーで的確な解釈（185ページ）を伝える力も秀逸で、対談やイベントを見事にまとめ上げていきます。

次の質問をどうしようか……と迷ったら、まずは「おもしろいですね」と伝えてみる。それだけで、話を展開させることができるのです。

日本テレビ解説委員兼キャスターで、討論番組の司会経験も豊富な小西美穂さんによると、会話を効果的に進める相槌には「受け止める」「共感する」「まとめる」「促す」の4種類があるそうです。

何気なく発する相槌にも、その後の話の方向を決定づけるいくつもの働きがあることを教わり、とても勉強になりました。詳しくは、著書『3秒で心をつかみ10分で信頼させる聞き方・話し方』をご参考に。

#「わかります」と安易に言ってはいけない

話を聞いている間のリアクションは積極的に。でも、安易な反応には要注意です。

人の体験やそれに基づく感情は、その人だけのものです。たとえ似たような境遇にあったとしても、「相手にしか見えていない世界がある」と尊重する姿勢を持つべきだと私は考えています。

特に、その人にとって大切な経験を語っている時、簡単に「わかります」とは言わないように。なぜなら、その経験をしていない人間にわかるわけがないからです。

話し手も決して口にはしないと思いますが、不快感を抱いているかもしれません。

ありがちなのは、話を聞きに来たはずなのに、聞き手が自分の体験をやたら披露してしまうという失敗。立場が逆転してしまっては本末転倒ですよね。

呼び水として聞き手が自分の経験を先に開示することも効果的ですが、「私の場合は……」とあくまで一人のケースとして示すようにします。一般論や聞き手の個人的な体験に、話し手を引き込もうとしないこと。

話し手が親切であるほど、聞き手に目線を合わせ、共感しやすいように語ってくれます。だからといって「同じ目線に立てた」と勘違いしてはいけません。

その人が見てきた世界や感じた気持ちを100％理解することなんてできない。

だから、インタビューは続くのです。

中田英寿選手やイチロー選手、ＹＯＳＨＩＫＩさん、浜崎あゆみさんなど、各界のトップランナーを取材してきた作家の小松成美さんを勉強会のゲストにお招きしたことがあります。

「小松さんにとって、インタビューとは？」と聞くと、「新しい世界に通じる、私にとっての扉です」とお話ししてくださいました。

「その扉を開けるたびに、自分の知らなかった風景を見て、胸がいっぱいになりますし、活力をいただけるのです」と。

小松さんは、書き手としてのフラットな視点を守るため、どんなに取材回数を重ねた相手とも友人として親しくなろうとはせず、取材者・被取材者の関係を守ることを自らに課しているそうです。

その人にしか見えていない風景がある。その風景へ通じる扉を開けられるすばらしいチャンスがインタビューである——。

扉の向こうの世界には行けないけれど、その風景を扉越しに眺めることができたなら……。

すばらしい言葉に感動すると同時に、私もまた、誰かの扉を開ける喜びを、何度でも味わいたいと感じているのです。

ラスト3分で必ず聞くべき質問

インタビューのテーマが何であっても、相手が誰であっても、最後に必ず聞くと決めている質問があります。

残り時間3分くらいの本当に最後のタイミングで使います。ズバリ、これです。

「何か言い足りてないことはないですか？」

事前に用意した質問も、想定外の寄り道質問もすべて終えた後で、「言い足りてないことはないですか？」と最後に聞くのです。

このラストクエスチョンがあるかないかで、聞き手・話し手、双方にとってのインタビューの満足度は大きく変わってきます。

だいたいの方は少しだけ考えた後、「大丈夫です。言いたいことは話せました」とおっしゃってくださいます。

ならば不要ではないかと思われるかもしれませんが、この一言を話し手ご本人の口から言っていただくことがとても大切なのです。「今日言いたいことは十分に話し切れた」という実感を確かめてもらうことで、この日のインタビューが完結します。

もちろん、完結しないパターンもあります。

少しホッとした表情で、「1つだけいいですか？」と話を追加する方も、2割くらいいらっしゃいます。

この場合、私は身を乗り出し、「ぜひ話してください」と促します。

ここでわざわざ付け足される話は、話し手にとって〝重要度が高いこと〟に間違いありません。ずっと話したいと思いながらも、機を逸して話しそびれていた内容なのでしょう。

記事にする時には、よほどテーマからそれた内容でない限り、その言葉も反映する

1時間のインタビューの段取りとマスト質問

0：00　挨拶、名刺交換、準備など
0：03　インタビューの企画趣旨を説明
「今日聞きたいことは3つです」
「原稿は事前に確認いただけます」

0：05　事前に用意した質問を軸に、
その場で生まれた質問もどんどん加えて

0：55　（同席者に）「補足の質問はありますか?」
「何か言い足りてないことはないですか?」

ようにしています。

　いずれの場合も、このラストクエスチョンを加えることで、気持ちよく話を終えることができます。聞き手と話し手が一つの共同作業を終えたような、連帯感を伴った温かい気持ちになれるのです。

　インタビューの〝後味〟を決めるような効果があるとも感じています。後味が悪くなければ、次のご縁にもつながります。

「話を聞く」に当てはまるすべての時間に取り入れてほしいと思うほど、オススメのラストクエスチョンなので、ぜひ今日からまねしてください。

第6章のまとめ

- ☑ 話の流れをつくりたいなら「掘る」「つなげる」「転がす」「渡す」を大切に
- ☑ 話し手の言葉を言い換えたり比喩したりして、「言語化のアシスト」をどんどんやろう
- ☑ 間違っても大丈夫。話し手が伝えようとしている内容を自分なりに解釈してぶつけてみよう
- ☑ 誰もが怖がるインタビュー中の沈黙。でも「待ちます」と一言伝えれば苦痛ではなくなる
- ☑ インタビューのラスト3分、「言い足りてないことはないですか?」と聞いてみよう

第7章

オンラインで深く聞く7つのコツ

2020年以降にぐんと増えたのが、オンライン会議システムを使って話を聞く機会です。

話し手とリアルに会わず、画面上で話を聞くシーンは、いろいろなコミュニケーションで一気に浸透しました。

正直、聞ける話の質や量を比較すると、やはりその場の空気を共有できる対面のほうが圧倒的に勝ります。かといって、「いやいや、話を聞くには対面に限ります。お会いする時間をください」と相手に無理強いすることはできませんよね。

それに、リモートだからこそ海外や地方に暮らす方とも距離を気にせず、話を聞けるという大きなメリットもあります。

それなら、新しい環境の中で聞くスキルをさらに磨くしかない！

ということで、私は2020年4月に、同業者やメディア関係者に声をかけて「オンラインインタビュー、どうしてる？」とノウハウを共有する勉強会を実施しました。

以後も、取材の実践や講座でのヒアリングなどを通じて、「オンラインで深く聞くためのコツ」をせっせと集めてきました。

あらためてこれらのコツを見直してみると、インタビューばかりではなく、仕事や私生活など、ほかのコミュニケーションにも役立つものばかり。

1on1で部下の話を聞き出したり、顧客に最近の動向や悩みをヒアリングしたり。営業や採用など、初対面なのにいきなりオンラインで突っ込んだコミュニケーションをしなければならないシーンにも役立つはずです。

まだまだ開発途上ですが、現時点で効果を感じているコツを全部、公開します。参考にしてください。

コツ 1

事前準備はより念入りに

対面とオンラインを比較した時、最大の違いは「空気を共有できるかどうか」。

これまで述べてきたように、インタビューで得られるのは言葉の情報だけではありません。

その人の周りの環境、表情、仕草、身振り、普段ともに過ごしている人との関係性など、会話の外側にたくさんの情報があふれています。

五感を使って情報をまるごと吸収できるのが対面取材のいいところなのですが、オンラインでは得られる情報がかなり限られてしまいます。

空間を共有しない分、話を聞いている間に吸収できる情報は、「その場で語られる言葉」に偏ることになります。

だからこそ、オンラインのインタビューでは、事前に調べられる情報はできるだけしっかりと仕入れておくこと。対面取材よりも一層の準備が必要です。

十分に相手のことを知った上であれば、精神的にもゆとりを持ってインタビューに臨めます。

また、オンライン上のコミュニケーションでは、名刺交換をしません。

名刺交換は、形式的な儀礼の習慣と思われがちですが、初対面の方をインタビューする前に「今日は私が聞き手となります」と立場を示せる貴重な時間であり、いきなり本題に入るとお互いに緊張してしまいます。

名刺交換の代わりとして、「はじめまして。本日の聞き手を務める宮本と申します。○○さんのコラムをよく読ませていただいているので、お話を聞けるのを楽しみにしていました」など、一言挨拶をするようにしましょう。

画面上の名前の表記にも「宮本恵理子／ライター」などと役割を添えておくと、よりわかりやすくなります。

コツ2

通信環境を安定させる

大事な話を聞かせてもらっている途中で、音声や映像が途切れたり、乱れたり……。オンラインでの会話にありがちな状況ですが、お互いにストレスがたまってしまいますよね。

聞き手の自分がストレスの原因をつくってしまわないように、通信環境にはできるだけ配慮しましょう。ルーターを活用するなどしてWi-Fiが安定した状態を保った上で、インタビューを始めるようにしましょう。

私は、自宅では無線ＬＡＮよりも通信環境が安定しやすい有線ＬＡＮでつなぐようにしています。

そして、ぜひ導入をオススメしたいのが「マイク」です。

パソコンやタブレット内蔵のマイクでも音声は送れますが、声以外のノイズを拾ってしまったり、相手に聞き取りづらいというストレスを与える原因になることもあります。

鮮明に音声を拾ってくれる専用マイクをUSBなどでつないで使用すれば、くっきりハッキリと、こちらのリアクションを相手に届けることができます。

マイクにもいろいろなタイプがあって、まるでラジオパーソナリティのような本格的なマイクを使う方もいるようですが、私は「あまりマイクに存在感が強すぎると、画面上で威圧感が出てしまうかも」と考え、コンパクトで高性能なマイクを使っています。

今、愛用しているのは、FIFINEというメーカーの「フレキシブルマイク」。

リモートワーク経営の達人として知られる倉貫義人さん（ソニックガーデン社長）がSNSで「このタイプのマイクがいい」と投稿をしていたのを見て、すぐに購入しました。

ＵＳＢ端子でつなげばすぐに使えるシンプルな単一指向性マイクで、重宝しています。細長いアームの方向を自在に調整できるので、画面に映り込むこともなく、視界に入ることもありません。

ちなみにこのマイク、小学生十数人を対象にした座談会取材に〝演出の小道具〟として持参したところ大正解。

電源は入れない状態で、発言してくれる子どもに回しただけなのですが、「マイクを持って話したい！」と取り合いになるほど、子どもたちも盛り上がってくれました。

コツ 3
冒頭の「流れ予告」を丁寧に

本題に入る前に、趣旨や流れについて一通り説明するという基本原則については、107ページで詳しくお話ししました。

オンラインで話を聞く場合には、冒頭の説明を、特に忘れないように注意します。

実際に顔と顔を合わせて会話する時と比べて、オンラインでの会話は、時間感覚をつかみづらいと私は感じています。

それがなぜなのかは説明が難しいのですが、おそらく、オンラインでは少しでも音声が重なると聞き取りづらくなるため、対面でのコミュニケーションと比べて、「どちらか一方が話し、どちらか一方がじっと聞く」という状況になることが関係しているのではないでしょうか。
声を出す相槌を最小限にする結果、「1つのエピソードをどれくらいの長さで続けるか」という舵取りが、話し手に委ねられてしまいます。結果として、タイムマネジメントが対面よりも難しくなってしまう、というのが私の仮説です。

オンラインインタビューで必要になるのはより積極的なタイムマネジメントスキル。具体策としては、わかりやすい告知をすることです。

「今日は15時までの1時間、お時間をいただいています。まず最初に編集者のCさんから今回の企画の趣旨を簡単に説明いただき、私がメインの聞き手となってインタビューを進めてまいります。最後の10分ほどで、参加されているみなさんから追加質問や補足の説明をいただく時間をつくります」

このような時間割のプランを、私はインタビューを始める前にお伝えするようにしています。

すると、その場に参加している全員が、向こう1時間の使い方についてイメージを共有でき、心づもりができるのです。

時間割には、役割分担も含みます。「私がメインの聞き手になる」「趣旨説明は編集者のCさんから最初に」「私以外のみなさんも、最後に追加質問や補足説明ができる」と、「誰が」「いつ」「何を」担当するのかをお伝えするのです。

特に追加質問や補足説明の時間を最後に確保することを、あらかじめ予告することは重要です。

これを先に伝えておくことで、メインの聞き手以外の方々が途中で聞きたい質問や言いたいことが浮かんだ時にも、「慌ててカットインしなくても、後から聞けば大丈夫」とゆったり構えられるからです。

聞き手としても、途中でむやみに話を遮られるリスクが軽減されます。インタビューの流れを乱さないためにも、この一言は効果的なのです。

冒頭の流れの説明には、対面インタビューと同様に、「聞きたい質問は大きく3つです」とメインの質問内容についても共有します。

この時、私がよく活用するのは「チャット欄」です。質問内容を簡潔に書き出して、

オンライン会議ではチャット欄に質問事項を書いておく。名刺交換がないので、名前の欄には「名前／役割」などとわかりやすく明示する

チャット欄に貼って参加者と共有します。

チャット欄であれば、話をしながらチラッと横目で確認することもできるので、話し手にとっても、聞き手にとっても便利です。

「もう30分経ったけれど、3つの質問のうち、1つしか答えられていないな」など、経過時間とのバランスを管理しやすくなります（話し手の方も意識して気をつけてくれることが多いです）。

オンラインならではの機能をどんどん有効活用して、インタビューの質を少しでも上げていきましょう。

コツ4
口角を上げて大きく相槌　ただし、声は控えめに

オンラインでの会話では、相手の反応を探る視覚情報が「画面」に限られます。その画面に映っている相手の顔の表情がずっと無表情だと……怖いですよね。「気を悪くしているのだろうか？」とドキドキしてしまいます。

対面であれば、たとえ表情が乏しくても、身振りや姿勢など、その人の体全体が醸し出す雰囲気で、ある程度の感情を感じ取ることができるのですが、四角い画面だけでは限界があります。

相手も同じように感じるはずだと考え、オンラインで話を聞く時には「無表情、禁止！」を強く自分に課しています。**意識的に口角を上げ、「あなたの話を聞いていま**

すよ」という意識を、目元から発するような気持ちで。

マスクを外せる場所ではマスクを取って、顔全体の表情を見せましょう。

そして、大事なのが「相槌」です。

対面のコミュニケーションでは積極的に相槌を打ちますが、オンラインではむやみに声を出して相槌を打つと、相手の話を邪魔してしまいます。

オンラインでは「声を出さずに、大きくゆっくりと相槌を打つ」こと。首を上下に大きく動かし、相手にわかりやすく。オーバー気味にうなずくくらいがちょうどいいです。

ポイントは「ゆっくりと」。相手の話がとてもおもしろいと感じる時には、首をブンブンと振るように動かして、共感や感動の気持ちを伝えたくなりますが、やりすぎには注意しましょう。

「聞き手の相槌のテンポが速すぎると、話し手の話すスピードが速くなる」という法則があります（私が勝手に見つけた法則です）。

ゆっくりと大きな相槌を心がけると、画面の向こう側の話し手も、自然と落ち着いて話してくださるような気がします。ぜひ、お試しあれ。

コツ5

「画面共有機能」を効果的に使う

パソコンの画面を1時間じっと見続けていると、疲れますよね。同じような疲労感が、オンラインのインタビューでも起こり得ます。お互いの顔をずっと見つめながら話を続けるのでは、なかなか集中力も保ちづらくなってしまいます。

そこで、意識的に視界をリフレッシュする工夫をしてもいいと思います。

例えば、話の内容に関連するドキュメント資料やウェブサイトなど、「画面共有」の機能を使って映し出すと、インタビューの展開も広がったり、より話を深められたりします。

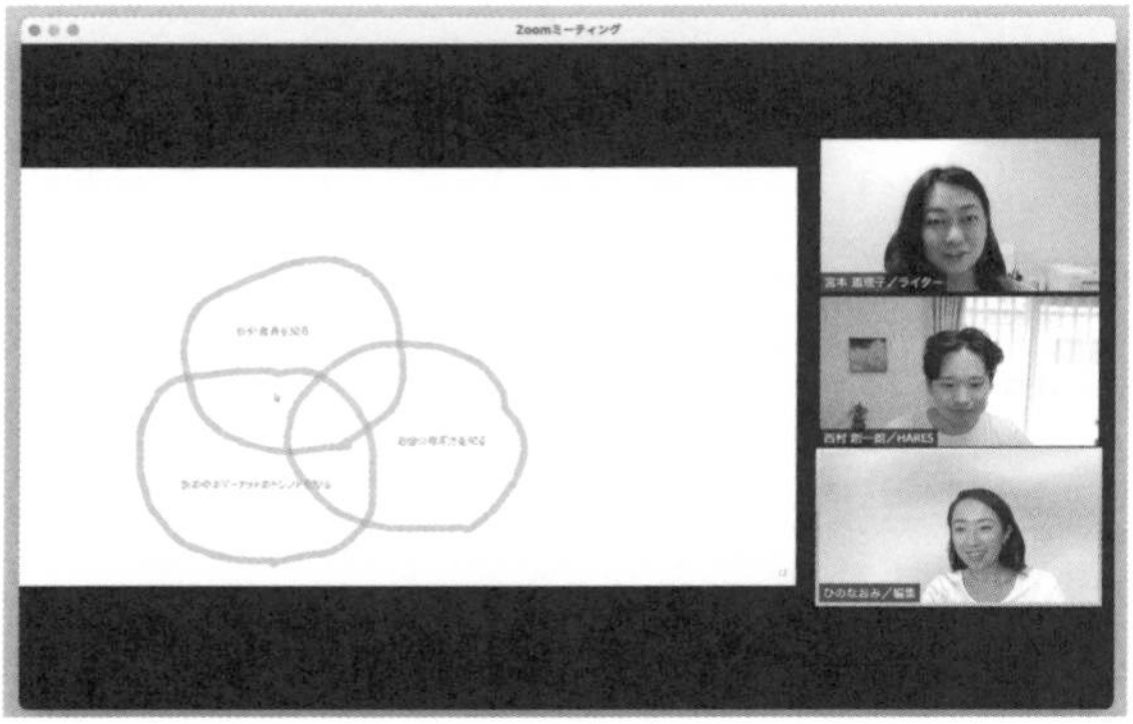

オンライン会議システムの画面共有機能などをうまく活用してみよう

オンライン会議システム「Zoom」の「ホワイトボード」（白い画面を共有して、文字や絵を自由に書く様子をリアルタイムに画面共有できる機能）など、ブランク画面にフリーハンドで文字や絵を書ける機能を使ってみるのもいいでしょう。

私はインタビューの中盤で、「ここまでの内容理解の確認」として使ってみたことがあるのですが、相手にも好評でした。

「ここまでのお話について重要なポイントは、AとBとCの3つで、この3つの関係を図式化すると、こんな絵になると理解しました。合っていますか？」というふうに。

これは対面取材でも紙とペンを使って時々やる手法ですが、画面共有機能を使えばオンラインでもできると気づいたのです。

聞き手の理解度を可視化して共有することで、話し手の安心感につながりますし、「そうです。もう一つ、加えるならば……」とさらに深い話へ展開してもらえるケースが多いです（もちろん、間違いを修正いただけることも）。

インタビューを深める機能として活用してみてはいかがでしょうか。

コツ 6

「上から目線」に御用心

これもオンラインあるあるなのですが、カメラの位置によっては、「上から目線」になってしまうという落とし穴にご注意ください。

パソコンやタブレットなどのカメラの位置が、顔（目）よりも下にある時にこれが起こります。相手に映るこちらの画面が、「上から見下ろす」ような構えになってしまうのです。

これを避けるには、カメラ位置を自分の目線と同じくらいの高さに調整すること（下から見上げるような高低差をつける必要はありません）。

私は高さを合わせるためのスタンドを利用しています。できるだけ、相手とまっす

ぐ対面して目を合わせているような感覚に近づけましょう。

残念ながら現時点のパソコンの仕様では、「相手の目を見る」と「カメラを見る」を同時にすることは難しく、オンライン上で「完全に目を合わせているように会話をする」ことが簡単にはできません（専用のカメラもあるようですが別売りです）。

でも、できるだけその状態に近づけるために、私は話し手の画面をカメラ位置に極力近づけるようにドラッグ・アンド・ドロップしています。

細かいことかもしれませんが、少しでも自然なコミュニケーションに近づくようにと、せっせとマウスを動かしています。

カメラに関しては、もしも補正機能があるなら、少し明るめに映るように設定したほうがいいですね。インタビュアーの顔がどんよりと暗くかげっていたら、話し手の気分も乗らないはずですから。

バーチャル背景を使う時にも、相手の気持ちに立って。周りの色や柄が刺激的だと話に集中しづらくなるので、シンプルで優しい色味を選ぶようにしています。

7《コツ》

あえて「音声のみ」を選んでもいい

オンライン会議システムは「映像オン」で行うのが当たり前だと考えがちですが、実はあえて「映像オフ」の、音声のみの形式で実施したほうがいいインタビューもあります。

例えば、とてもセンシティブで個人的な話を聞くようなシチュエーション。あるいは話し手の体調が優れない時やご家庭や職場の事情で画面を映し出せない時……。話し手が「音声のみで話すほうが安心できる」と想像できる場合には、こちらから提案してみましょう。

「映像オフにしていただいても大丈夫ですよ」

聞き手に気を使って無理に映像オンにしてくれている可能性もありますので、こちらから声をかけることが重要だと思います。

コーチングサービスを提供する会社に勤める方から聞いたのですが、その会社ではコーチングする際のツールは、「音声のみ」としているそうです。「シリアスな話をしている最中に、自分の表情を見られると緊張する」という顧客の心理に配慮してのことだと聞き、納得しました。

音声のみであれば、自分の表情はもちろん、相手がどんな顔をして聞いているかも見えません。結果、話し手はより「話す」という行為に集中しやすくなるはずです。

話しづらいことを話してもらいたい時には、あえて「音声のみ」という選択を提案するのもいいかもしれません。

一番に優先すべきは、話し手が無理なく心地よく話そうと思えるかどうか。対面・オンラインに関わらず、忘れずにいたいですね。

第7章のまとめ

- ☑ リアルのインタビュー以上に、オンラインの取材では事前準備を入念にしよう
- ☑ 参加者の役割や1時間の配分を丁寧に説明し、話し手やほかの参加者にも安心してもらおう
- ☑ オンラインでは相槌も変わる。口角を上げて普段以上に大きな動作で声を出さずにうなずこう
- ☑ 集中力を切らさないためにも、時にはオンライン会議システムの画面共有機能を活用する
- ☑ デリケートな内容を聞く時や、話し手が都合の悪そうな時には、あえて「音声のみ」でもいい

第8章

インタビュー企画書のつくり方

「あなたの話を聞かせてください」

「いいですよ」

この約束が成立したところから、インタビューは始まります。

特にインタビューの内容をメディアで記事にする場合には、企画書をつくって、相手にその内容を承諾いただくステップが欠かせません。

そして実は、この企画書を送る時点でインタビューはすでに始まっています。

聞き手である自分が何者かを伝え、「なぜ、いつ、何を、誰に向けた言葉で聞きたいのか」を明確に伝える。このコミュニケーションを丁寧に、きちんと進めることが、〝会う前の信頼づくり〟につながるのです。

取材でインタビューを申し込むような人向けの内容になりますが、最終章では企画書のつくり方で何に気をつけたらいいのか、私が心がけているポイントを紹介します。

ポイント1

「安心して話せそう」と思わせる企画書を送る

インタビューを依頼したい相手に送る企画書には、必要事項を過不足なく書くようにしましょう。

「過不足なく」という判断は、自分ではなく、相手の気持ちになって。

インタビューを受けてもいい、と思ってもらえるだけの材料をそろえるつもりで。

私は出版社にいた頃に使っていたフォーマットを土台に、自分なりにアレンジして次の7つの項目を必ず入れるようにしています。

❶ 企画・テーマ

最初に伝えたいのは、その人に何を聞きたいのか。なぜその人なのか。時代背景や世の中のニーズなど、客観的な情報を交えながら簡潔にまとめましょう。

「日本で初めての○○サービスを開発した経験から、アイディアを掘り起こすヒントや仲間を巻き込むチームワークについてお話を聞きたい」というふうに、相手が〝何を話せばいいのか〟のイメージが湧きやすいように書きましょう。依頼の時点で想定質問を書き添えてもいいと思います。

❷ 掲載媒体と読者層

聞かせてもらった話を載せる媒体（メディア）が決まっている場合には、必ず事前に伝えます。媒体とは、読者と話者をつなぐ役割を果たすものなので、「20代～30代のビジネスパーソン」「60代以上の仕事経験のあるシニア女性」など、読者層についても具体的に明記します。

これによって受け取った相手は「誰に向けて発信できるのか」がわかり、インタビューを受ける可否を決める大きな判断材料になります。

❸ スケジュール

インタビューを希望する時期、記事などを発信する場合には、掲載予定の時期についても事前にお知らせしておきましょう。

日程調整をするためのスケジュールだけでなく、記事の出る時期についても伝えることで相手は露出効果も含めて、判断できます。例えば、「9月にはちょうど新しいプロジェクトが動く計画だから、それに関連した話もできそうだな」というふうに。

掲載時期がまだ確定していなかったとしても「仮の予定」として伝えるだけでも相手にとっては参考になりますし、アウトプットの時期をこれから決める場合には「掲載時期は応相談」という伝え方をしてもいいでしょう。

❹ 撮影の有無

インタビューに撮影を伴うのかどうかは、必ず事前に伝えましょう。それによって準備する場所も変わりますし、外見を気にする方であれば、服装の選び方にも影響し、「事前に美容院に立ち寄ってからインタビューを受けたい」などと考えるケースも少なくありません。

もしも自分がインタビューを受けるとして、撮影を想定していなかったのに、当日になって「撮影あり」とわかると、「え！　今日は写真も撮るの？」と慌ててしまいますよね。話に集中できない原因を無用に生まないように、「当日はポートレート撮影も希望します」と一言添える配慮も忘れないように。

❺ 謝礼の有無

インタビューを受けていただくことに対して謝礼をお支払いする準備はあるのか。依頼時にうやむやにしている場合は結構あると聞きますが、原則として、謝礼の有無は事前に伝えることが礼儀だと思います。

特に報道系のメディアなど、媒体によっては内部規定によって「謝礼なし」が決まっているところもあります。その場合も率直に「媒体の規定より、謝礼はお支払いしないことをご了承いただけますと幸いです」と一文を入れること。事前に伝えることが、信頼関係を構築するために大切です。

❻ 記事の二次利用の予定

最近は、メディアミックスが進み、紙の雑誌の企画でインタビューをした記事が同時にウェブでも掲載されたり、半年後にムックにまとめられたりと、二次利用の展開パターンが増えています。二次利用の可能性がある場合には、事前に伝えておくと、後々のトラブル防止にもなります。大手芸能事務所が所属アイドルに関して「ウェブでの写真掲載ＮＧ」を徹底していたことは有名です。

❼ 原稿確認の有無

最後に、とても大事な項目。インタビューをした内容を記事化して公開する前に、「事前の原稿確認ができるかどうか」は相手にとってかなり重要な条件になります。伝えた話をどのように書かれるか聞き手（書き手）に完全に委ねる決まりなのか、事前にチェックできるのか。そのルール次第で、インタビューを受けるかどうかを決めたいと考える人もいます。

「安心して話をする」ためには重要な約束なので、私はインタビュー当日に、口頭でも必ず伝えるようにしています。

ポイント 2

聞き手の自己紹介もさりげなく

初対面の方にとって、自分の大切な経験談を話す相手となる聞き手がどんな人物なのかも、多少、気になるところではないでしょうか。

少しでも安心していただくために、自分で発案した企画の場合には「自己紹介」を100字～200字程度にまとめて添えるようにしています。

参考としてこれまで執筆した記事のタイトルやURL、著書があればその書名なども盛り込むといいと思います。

依頼書の書面上で伝える以外に、「日頃の発信」もさりげない情報提供になります。

「こんな記事を書きました！」といった報告のほか、共感した記事のシェア、興味を持ったイベントやエピソードの共有など。

何気ない日頃の発信も、実は聞き手が何者かを伝える大切な情報源になります。

多くのインタビュアーとの接点がある広報担当者は、インタビュー当日までに、その日の聞き手の発信をチェックしていて、「最近、こういう記事を書いていましたね」などと声をかけてくださる方が多いのです。

初対面の相手に向けての自己紹介にもなるという観点で、SNSでの発信を意識すると、投稿内容を決める発想にも広がりが出るのではないでしょうか。

ポイント 3

広報担当者を味方につけよ！

新規性の高い企画でインタビューをお願いする際には、聞きたいテーマに関して、相手の情報が少ないこともあります。

そんな時は、依頼時の窓口となってやりとりをする広報担当者や秘書の方に事前の情報提供をお願いしてみましょう。

「今回は各界で活躍している方々の学生時代をテーマにする企画で、この時期の体験について御社の○○さんは過去の記事ではほとんど語られていません。例えば、どんな部活に入っていたかなど、事前に教えていただける情報がありますか？」

そんなふうに聞いてみてください。

あくまで本番は当日なので、根掘り葉掘り聞き出すというより、「知っている情報があれば教えてください」というスタンスで。

広報という仕事は、外に向けた情報発信を担う立場です。インタビューをより充実させ、話し手の魅力を効果的に伝えたいのだという目的がきちんと伝われば、きっと喜んで力になってくれるはずです。

◆
◆
◆

以上、依頼時の3つのポイントを紹介しました。

大事なのは、相手に安心感を与えること。

「とにかく締め切りまでに急いで話を聞きたい」など、こちらの都合を前面に出すのではなく、相手に「安心して話せそうだ」と信頼してもらえることが重要です。

そのために企画趣旨、読者、スケジュール、謝礼や原稿確認の有無を伝え、聞き手が誰かを伝えるコミュニケーションにしましょう。

そう、実際に会う前から、コミュニケーションは始まっているんだと考えて。

メールの文面でも、〝話し手ファースト〟の姿勢は必ず伝わるものだと思います。

さらにオマケでもう一つ。

インタビュー当日の朝、または前日夜にするといいワンアクションがあります。

もしも、ダイレクトメッセージを送れるような関係性の相手であれば、**「今日の（明日の）インタビュー、どうぞよろしくお願いします！　楽しみにしています」**と一言、送っておくのです。

相手が負担に感じるような長文メッセージは禁物で、本当に短い一言だけ。

この一言メッセージによって、忙しい相手にほんの一瞬だけ、インタビューの予定を思い出してもらいましょう。

このワンアクションがあるだけで、「そうだ。今日は（明日は）○○について話す予定があったな。ちょうどさっき本で読んだ内容についても話していいかもしれない」などと意識を向けてくださるのです。

聞き手がインタビューの時間を楽しみにしているという気持ちを伝えるだけでも、〝会う前の空気〟が温まります。

同じようにインタビューを終えた後にも、お礼と一言感想のメッセージを。

この時も、相手が「頑張って返事をしなきゃ」とプレッシャーを感じない程度の、シンプルな言葉にまとめるように心がけています。

第8章のまとめ

- 企画・テーマから謝礼まで、話し手に「安心して話せそう」と思わせる企画書を送ろう

- 企画書にはさりげなく、聞き手の自己紹介も盛り込んでおこう

- 困ったことは広報担当者や秘書の方に相談すると、助けてくれることもたくさんある

- 取材当日の朝、または前日の夜にはダイレクトメッセージなどで挨拶。それだけで会う前の空気が温まる

インタビューQ&A

Q

とても忙しくて、なかなか時間をいただけそうにない方にインタビューを依頼する時、どうしたら受けてもらえる可能性が高まりますか？

A

その時間にかける価値を感じてもらえるかどうかに尽きると思います。

依頼する際に送る企画書には、「なぜ、あなたに聞きたいのか」をストレートに伝える一文を、強調して入れましょう。ほかの誰かではなく、あなたでなければできない話を期待しているのだということを伝えることが大切です。

そのためには、事前に調べた情報の中から、「〜〜の経験がある○○さんに聞きたい」など、具体的な実績と結びつけて依頼をすると伝わりやすくなります。

同時に、相手が物理的に時間を捻出しやすいような配慮も忘れずに。

インタビューを希望する期間に余裕があるなら、「日程はご希望に応じて調整することもできますのでご相談ください」と書き添えておけば、実現の可能性は一層、高まります。「オンライン形式でのインタビューにも対応いたします」という一言も効果的です。

Q

著名な歌手の方をインタビューする機会があり、事前準備のために過去記事を検索したら膨大に見つかりました。とても全部は読み切れません。準備の取捨選択のコツがあれば知りたいです。

A

52ページで述べた通り、過去記事のリサーチはメリハリをつけることがポイントです。

最新の情報と、重要なターニングポイントに関わる時期の情報を中心にチェックしておくと、最低限はカバーできます。

歌手の方であれば、デビュー当時やその人の代表曲となるヒット作が出た時期、あるいは歌手生命が危ぶまれたピンチの時などの発言を見返しておくと、人物像の大まかな輪郭を把握できます。

Q

まったく専門外で知識のない分野の人にインタビューすることになりました。できる限り調べるつもりですが、どこまで勉強するべきなのかわかりません。浅い知識で相手を怒らせてしまわないか、不安です。

A

自分にほとんど知識がない分野の第一人者に話を聞きに行く時は緊張しますよね。

「そんなことも知らないのか」と怒られたらどうしよう……と不安になってしまいます。

でも、よく考えたら、こちらが無知であることは相手も重々承知のはずです。無理に背伸びをせず、精一杯、相手を理解しようと努力をし、素直に質問をする。できることはこれしかありません。

絶対にやってはいけないのは、「知ったかぶり」。わかったふりをしてその場をやり過ごしても、相槌や質問の内容に矛盾が生じて、かえって信頼を損ないかねません。

むしろ「素人質問で恐縮ですが……」と、知識が追いついていないことを認める姿勢で向き合うほうが、相手も真剣に答えてくれます。

その人にとっては、専門外の人から質問されるという時間を、新鮮に楽しんでいる可能性もあります。わからないことは、「理解できている自信がありません」と正直に伝えながら、要点を押さえて聞きましょう。

専門性の高い部分まですべて理解しようとしなくて大丈夫です。

Q

事前にインタビュー相手に送る質問事項には、どのくらい具体的に聞きたい内容を書くといいのでしょうか。あまり漠然としていたら失礼かと思いますが、細かく書き込みすぎると、本番でがんじがらめになりそうです。

A

私の場合、インタビューをお願いする段階では、あまり詳細な質問を並べることはしません。

相手から「質問内容をできるだけ詳しく送ってほしい」と求められたら用意しますが、聞く内容は、当日の話の流れ次第で変わることが多いですから。事前にお伝えするのは、キーワードの箇条書き程度にとどめています。

その際も「当日のご回答の流れによって、質問内容は変わる場合があります」と書き添えています。

Q

媒体（メディア）で記事にするインタビューの場合、謝礼の予算はどのくらいが最適でしょうか?

A

媒体の規定によって、またその目的によってかなり幅があります。1時間の拘束で、数万円が一般的でしょうか。

ただし、メディアに登場することを宣伝効果のある露出として考え、「謝礼なし」を事前の約束として取り交わすパターンのほうが多いというのが、私の実感です。

Q

すでに知られている情報ではない新しい話を引き出すために、どんな下調べをしていますか？

A

漠然と調べるのではなく、自分なりに情報を整理しながら、メモにまとめていきます。具体的には、やはり「あなたの年表」がオススメ。情報の空白が可視化されるからです。123ページで詳しく紹介していますのでご覧ください。

Q

インターネット上で調べても、ほとんど情報のない相手に対しては、事前にどんな準備をするといいでしょうか？

A

一般の方をインタビューする際にはよくあるシチュエーションです。

私の場合は、事前に簡単な経歴や現在の仕事内容だけでも教えていただけるようにお願いをしています（ご負担にならない程度の分量を心がけつつ）。

面倒に思われないかと心配になるかもしれませんが、「当日のインタビューを効率よく進め、正確に情報を整理するため」と、目的をきちんと伝えると快く協力していただけます。

また窓口役となっている人にヒアリングをお願いするのも一つの方法です。

Q

インタビューをする時の表情は意識していますか？　次の質問を真剣に考えるあまり、つい険しい表情になってしまいます。

A

真剣に考えながら聞いていると、うっかり真顔に。あるあるですね。

私が意識しているのは、目の表情です。「あなたの話を聞いていますよ」という気持ちを込めて、相手の目を見て、話を聞きます。

口元も固くならないように、大袈裟でない程度に口角を上げるように。女性誌の編集者時代に担当したコミュニケーションに関する特集の取材で、専門家から「心地よい会話には、口元に微笑みを浮かべるアルカイック・スマイルが最適」と教えてもらったことを時々、思い出しています。

一方で、表情は「スマイル」にこだわりすぎなくてもいいとも考えています。話が複雑で理解が追いつかない時は、「？」と吹き出しが出そうなくらい宙を仰ぐ。解釈するためにちょっと考えたい時は「うーん」と腕組みをする。びっくりしたら、目を見開く。

リアクションを大きく、聞き手が感じた通りに素直に表現するのが一番です。

話し手も聞き手の反応に合わせて、次の話し方を決めていく。その即興性の妙こそが、インタビューの醍醐味だと感じています。

Q 取材慣れしていない方にインタビューをする時、相手の緊張をほぐすために心がけていることがあれば教えてください。

A インタビューを受けることに慣れていない方が緊張するのは、「ちゃんと話せるだろうか」「期待に応えられるだろうか」という不安があるからです。話し手に安心していただくために、「あなたに話を聞きたい理由」を簡単に述べた上で、「思ったことをそのまま話してください」と伝えます。
また、聞き手の口調や相槌のペースが速いと、無意識のうちに話し手を焦らせてしまうので、努めて「ゆっくり」を心がけます。

Q 心地よいインタビューを目指すために、発声練習はしていますか？

A 特にしていませんが、あまり甲高いトーンの声は落ち着きのない印象になるので、やや低めに発声しています。
また、中高時代の演劇部で「鼻濁音」（「が」行の音を鼻のほうへ抜けて発声する方法）を練習したことは、「私が」と自分の話をする時の印象を多少和らげるのに役立っているのかもしれません。
私は福岡出身なのですが、九州では鼻濁音をあまり使わない地域性があるそうで、「九州出身者は気づかぬうちに主張強めの印象を与えやすい」と聞いたことがあり、意識するようになりました。

Q

副業で受けたインタビューの仕事。取材相手の考え方と価値観が違い、共感できません。どうすればいいでしょうか。

A

純粋に、価値観の違いを受け止めていいと思います。インタビューをするからといって相手のすべてに共感する必要はなく、理解することに全力を尽くす気持ちがあればいいと思います。「なるほど」「そうなんですね」と話を促していきましょう。「どうしてそう思うのですか？」と考えの根拠を聞くうちに、意外な共感ポイントを発見できることもありますよ。

Q

相手があまり話したくなさそうなことを聞かなければならない時、どんな聞き方をするとスムーズに話してもらえるでしょうか？

A

「お答えづらいかもしれないことを聞いてもいいですか」と、断りの一言を入れた上で質問すると、相手も心の準備ができます。

また、話し手が「答えたほうがいい」と納得できる理由を述べることも大事です。「出来事の背景をきちんと理解したいので伺いたいのですが」と、聞く理由が単に興味本位ではないことを伝えること。もしも、すでにいろいろな臆測が世の中に出回っている出来事に関することなら、「このような伝えられ方もしていますが本当ですか？　よかったらご本人の言葉で聞かせてください」と伝えてみてはどうでしょうか。

相手の気持ちに立って、「どうしたら答えてみようと思えるか」を想像してみるといいと思います。

Q

インタビュー中、相手の気持ちがあまり乗っていないなと感じる時はありますか？　その場合には、どんな対処をしていますか？

A

その時に投げかけた質問がそれほど重要ではない場合は、すぐに話題を変えます。

ほかの話題で会話が流れる感じがつかめてきたら、もう一度同じ質問をしてみると、案外スムーズに答えてくれることもあります。

話し手も人間ですし、直前に何かトラブルが発生していたり、気がかりなことがあったりと、インタビューに集中できない場合はあります。

相手の様子を確かめるヒントとして、最初に「今日は何時まで大丈夫ですか?」と聞いてみるのもいいでしょう。

反応が慌ただしく、「ちょっと今日はバタバタしていて……早めに終えられると助かります」といった答えが返ってきたら、「何かあったのかも」と考えて、質問は端的にムダのない言い方をするように心がけています。

Q インタビュー中の時間配分のコツはありますか?

A

1時間の中で聞きたい項目が5つだとしたら、30分を過ぎた時点で、2つは聞き終えているくらいのペースで。お決まりのラストクエスチョン(199ページ)をするために、最後に3分ほど残すことを目指しています。

Q

「今のお話はこういう意味で合っていますか？」と確認した時に、「全然違う！」と怒られたことがあり、それ以来、トラウマになっています。宮本さんならどうやって立て直していきますか？

A

「理解が足りずに申し訳ありません」と素直に謝ると思います。相手が怒るということは、その人にとって重要な部分の理解が不十分だった証拠です。つまり、「きちんと知ってほしい」という思いの表れです。この場合に話題を変えるのは逆効果で、「正しく理解したいので、もう一度伺ってもいいですか」と丁寧に聞き直すことを強くオススメします。説明をしてもらえたら、「ありがとうございます」と感謝の一言も。

Q

「正直、記事には使えないな」という話が長く続いている場合、どう軌道修正しますか？

A

インタビュー中のタイムマネジメントや話題の軌道修正は、聞き手が主導権を握っています。堂々と修正して大丈夫です。「もっと聞きたいところですが、気づけば残り時間もわずかになってしまいました。残り2つの質問をしてもいいですか？」などと舵取りをしましょう。表情はにこやかにいきましょう。

このように言われてなお、「いや、もっと話させて」と強引に続ける人はまずいないはずです。

「そのお話もおもしろいのですが、今回は書けないので、また次の機会にぜひ」と記事にできないことをその場で伝えておくと、記事が出た後で「あんなに話したのに書いてもらえなかった！」と不満を持たれる事態を防げます。

Q　ClubhouseやFacebookライブといった公開インタビューで気をつけていることはありますか？

A　Clubhouseの場合は、音声のみで映像はなし。相手の顔が見えないので、「表情を読みながら、次の質問を決める」ということができません。いつもより詳しく進行予定を準備して事前にお伝えすることが多いです。
チャット欄を利用できるツールでの公開インタビューの場合には、視聴者からのコメントを拾いながら双方向性の高い内容を目指しています。インタビューの醍醐味はライブ感なので！

Q 宮本さんの取材ノートを見せていただけないでしょうか？

A

もちろんどうぞ。

「ノート」とは異なるメモの形式ですが、145ページに写真を掲載しています。

メモの取り方は人それぞれのスタイルがあり、それぞれに根拠があります。

「この人のインタビューから学びたいな」と思える人がいたら、「どういうメモの取り方をしているか、教えていただけませんか」と頼んで、実物を見せてもらうといいと思います。

なぜそのスタイルなのか、「聞く技術」とどう関連しているのか。

きっと、納得できる理由があるはずです。違いを研究しながら、自分なりのスタイルを見つけてみてください。

Q 取材時に使っているICレコーダーの機種を教えてください。

A

ソニー製のICレコーダー、機種はICD-UX513Fという型をメインで使っています（100ページに写真を載せています）。強いこだわりがあるわけではありませんが、シンプルで使いやすく、重宝しています。

軽くて小さいので、紛失には注意しようと、バッグの中やテーブルの上で目立つよう、色はシャンパンゴールドを選びました。

Q

話し手がエピソードの全体像を一通り説明してくださっている際、話の途中で「あ、今の話、もっと深掘りしたいな」と質問が浮かんだ時には、どのタイミングで聞くべきでしょうか？

A

難しいポイントですよね。私の場合は、話し手の「用意してきた説明を一通り済ませたい」という気持ちを尊重して、まずは全部聞きます。ただし、〝予告〟を適宜入れるようにします。

話を聞きながら「おもしろい。もっと聞きたい」という深掘りポイントが見つかったら、すかさず一言、「今のお話、すごくおもしろいですね！　後で聞かせてください」と予告するのです。

同時に手元のメモに、質問したいキーワードを書いておきます。

この予告を差し挟むことで、話し手も「後でこの部分について聞かれるんだな」と心構えができるので、その後のインタビューがスムーズになります。

Q

インタビューを始める時点で、その後に書く原稿の流れはある程度決めていますか？

A

ほとんど決めていません。

話を聞きながら、その人を言い表せるキーワードが見えてきたら、「掘る」「つなげる」（164～167ページ）などのリアクションをしながら、エピソードを関連づけていきます。

原稿の構成を考えるのは、話を全部聞き終えて、さらに音声をテキストに起こして、冷静になって、全部見返してからの作業になります。

Q

取材しながら、聞き手の思いが独りよがりにならないように、意識していることはありますか？

A

「この人はきっとこういう人だろう」という思い込みや先入観を極力排除するように努めています。

話を聞きながら見えてきた人物像はあくまで仮説にとどめて、「決めつけない」ように心がけます。美しいストーリーにまとめようという思いが強すぎると、事実を曲げてしまうリスクがありますから。

最後に「言い足りていないことはないですか？」と聞くようにしているのは（199ページ）、聞き手に不足していた視点を補っていただきたいという理由もあってのことです。

Q

著名人のインタビューなどでは、すでにイメージが定まっていて、なかなか新たな一面を引き出すのが難しいケースもあると思います。新鮮で意外な言葉を引き出す質問法はありますか？

A

人はさまざまな面を持つという前提に立って、質問をします。

著名人を対象にしたインタビューシリーズで、私が気に入っている定型質問の一つが、「自分の性格を一言で表すと？」というものです。するとかなり高い確率で、世間に知れ渡っているイメージとはちょっと離れた回答が返ってきます。

人は、「もっと自分のことを知ってほしい」という願いを常に持っています。それに、人は日々変化して、新しく生まれ変わるものでもあります。「最新の自分を伝えたい」という願いはあるのだと思います。

その人がこれまで何十回と聞かれたであろう質問でも、今日の答え方は、また変わる可能性があります。

「これについては過去のインタビューでも幾度となく答えていらっしゃいますが」と前置きした上で、「今日の○○さんのお言葉で語っていただけますか」と聞くと、これまで聞いたことがない新鮮な表現で答えてくれることが多くなります。ぜひお試しを。

Q 相手に気持ちよく話してもらうには、話の途中でどんな相槌を打てばいいですか？

A

「へぇ、そうなんですか」「そうなんですよ。それで……」というふうに、人によっては聞き手の相槌に一つひとつ反応してくださる方もいます。相手の話のリズムを崩さないように、あえて「黙って相槌を打つ」という方法も効果的です。この時、首を上下に振るスピードは「ゆっくり」を心がけて。あまり速くカクカクとうなずくと、きちんと聞いていないような印象を与えてしまいます。

Q

話し手がインタビューの途中で気持ちが高まり、興奮しすぎてしまうことがあります。さりげなくクールダウンを促すにはどう声をかければいいですか？

A

気持ちが高まるということは、それだけ思い入れがあるということ。その重要性を聞き手が理解していると示すと同時に、興奮状態にあることを客観的に伝えるといいかもしれません。

「そんなに熱く語られるということは、よほど印象的な出来事だったんですね」と言うと、話し手は「あ、ちょっと熱くなっちゃっていたかも」と冷静になりつつ、嫌な気持ちにはならないはずです。

Q

イベントで司会をしています。事前に調べて自分はすでに知っていることでも、その場にいるみなさんに知ってほしくて、質問をしたくなります。でも、「そんなことも知らずにインタビューしているのか」と話し手に思われないか心配です。

A

大丈夫です。きっと事前に調べてきた姿勢は、伝わっていると思います。わかりやすく示したい時には、「〇〇というメッセージをよくおっしゃっているのが、とても素敵だと感じています。ここにいらっしゃるみなさんに向けても、あらためてお話しいただけますか」と言えば、意図がしっかり伝わるはずです。なぜ素敵だと感じたのか、理由も一緒に伝えると、喜んで詳しく話してくださると思いますよ。

Q

謙虚な人は自慢話を好まず、自分の実績について詳しく話してくれないことが多いように感じています。その人の功績について詳しく知りたい時には、どう聞くといいのでしょうか？

A

実績を自分の口から話すのは、自慢になるから嫌だと考える人は多いですよね。結果がすでに公開されているものであれば、聞き手から「○○さんはこういう実績がありますね」と述べた上で、「その結果につながるために何をしたのですか」「どんな行動が結果に結びついたと思いますか」と、具体的なファクトだけを質問すると、謙虚な人も答えやすくなります。

「例えば、こんな問題が起きた時には、どう対処しましたか？」など、シチュエーションを設定することも、具体的なエピソードを引き出すのに有効です。

Q

インタビュー中、話を聞くことに集中していると、つい手元のメモが疎かになってしまいます。「聞く」と「メモする」が同時にできずに悩んでいます。

A

私はインタビュー中は、「聞く」に集中します。夢中になって話を聞いている時ほど、手元のペンが止まることは、よくあります。だから、メモにすべてを記録することは、最初から諦めています。その代わり、音声の録音には複数のアイテムを使っています。インタビュー中は、話を聞きながら次の質問を考えたり、残り時間に配慮したりと、何かと気にしなければいけないことも多く、相手の話に完全に集中するのは難しいですよね。後から音声を聞き返して、「あの時、こんなことを言っていたんだ」と気づくことも多々あります。やっぱり、「聞く」って難しいですね！

Q

とても有名な方や目上の方を相手に話を聞く場合、ガチガチに緊張してしまいます。宮本さんは緊張しないのでしょうか？

A

私が緊張するのは、準備が十分でないという不安がある時です。

十分に準備ができた時は、緊張というより「いよいよご本人の口から話を聞ける！」という期待感がピークに達しています。相手に対する関心や好奇心が、緊張を上回る感じです。

緊張は「自分をよく見せたい」という気持ちによって生まれるものなのかもしれません。「優れたインタビュアーとして評価してもらおう」なんて身構える必要はなく、目の前にいる人の話を聞き、届けるべき人たちに届けるメッセンジャーになれたらいい。ただただ、〝透明な存在〟として役に立ちたい。そんなイメージを持ってみると、肩の力が抜けると思いますよ。

Q 相手の心を開くために実践しているアイスブレイクはありますか？

A

無理にフランクに打ち解けようとせず、事前のリサーチで知った情報の中から興味を持った点について、一言伝える程度にしています。

例えば、ＳＮＳの投稿でチェックした情報から、「最近、話題のベストセラーを読んだそうですね。どんなご感想を持ちましたか？」「お忙しいのにジム通いも欠かさないそうですね」など。

すると、「そうなんですよ。最近、やはり体が資本だなと実感することが多くて」

「何かきっかけがあったんですか？」「実は……」と会話が展開。その流れで、その日のメインとなるテーマにも関連する話になることもあります。事前リサーチから得た情報をフックにすることで、さりげなく「あなたに関心を持ってここに来ています」と、聞き手としての姿勢も伝えられます。「最近、ビーガンが流行っていますね」などとまったく無関係の話題を振るよりも、ずっと自然で、インタビューの中身を深めるきっかけにもなります。

Q インタビュー後、話し手に伝えて喜ばれたことはありますか？

A

話し手にとっては、インタビューを終えてからがむしろ始まりです。自分が話した内容がどのような形でまとめられるのか、それに対してどんな反応があるのか、気になっているはずです。

話し手の不安を解消するために、記事などが出た後は、できるだけ早く相手に伝えましょう。ウェブ記事であれば、ＰＶ数など、量の結果を伝えることも参考になります。

ただ、それ以上に心がけているのが質の結果報告です。「どれだけ読まれたか」よりも、「どう読まれたか」を伝えるようにしています。

記事を掲載したメディアの編集部にも反響を聞き、「読んで前向きな気持ちになれたという声が届いているそうですよ」「ほかの記事より読者の滞在時間が長く、じっくり読み込んでくれた人が多かったそうです」などなど。

あなたの話が、こんなふうに誰かの役に立ちましたよ——。

そう話し手に伝えることが、何よりのお礼になると、私は感じています。

Q

「オフレコだけど」と前置きされて出てきた話がすばらしい内容だった場合、どう対処していますか？　やはり「オフレコ」なので公開しない前提で記事を書くのでしょうか？

A

伝える価値があると強く感じた場合は、率直に相談します。

話し手がオフレコにしたい理由は、「関係者に迷惑をかけたくないから」という場合が大半です。であれば、固有名詞の一部を伏せるなど、人物や時期が特定できない対処をすれば、「オフレコ解除」に変えられるケースもあります。

「今のお話は、こういう点で非常に役立つので、なんとか読者に届けたい」と説明し、公開する価値を話し手にもわかってもらうことが重要です。

そもそも「オフレコです」と前置きしながらも人前で話すということは、「誰かに共有したい」という思いがあるはず。きっと対応してくれます。

Q　インタビューを終えた直後は、聞き手も話し手もお互いに気分が高揚しやすい時間になります。このタイミングでやっておくといいアクションはありますか？

A

インタビューを終えた当日のうちに、お礼と感想の一言をメールします。長文ではなく、数行のメッセージくらいが相手の負担になりません。

併せて、追加で確認したい情報や取り寄せたい素材（写真など）のお願いがあれば早めに依頼を。あまり日数が経った後では、「何のことだっけ？」と相手も対応しづらくなってしまいます。

「記事は2週間後に公開予定です。来週にはご確認用の原稿をお送りしますのでご対応をよろしくお願いします」など、この先に相手にお願いするアクションがわかるような連絡もしておくと、やりとりがスムーズになります。

Q

インタビューした内容を記事にしてアウトプットしたいのですが、出し先のメディアが特になく、「Facebook」や「note」など、自分のSNSやブログのアカウントくらいしかありません。

A

メディアがなくても、自分のできる場で情報を出していくことがとても重要です。露出先のメディアがないからと躊躇《ちゅうちょ》せず、ぜひ、インタビューを記事にまとめる「聞いて書く」のステップにチャレンジしてほしいと思います。

「聞く」ことは、「書く」ことによって目的が明確になり、質問の質も磨かれていきます。

「聞いたお話を私のブログに書いてもいいでしょうか？」と相手に了承を取った上で、出していきましょう。

1対1のインタビューを原稿にする前のトレーニングとして、セミナーやイベントの内容をレポートにまとめるようなことから、挑戦してみるのもオススメです。

おわりに

私の仕事部屋の本棚の定位置にもう10年以上しまっている薄いファイルがあります。中には、達筆で綴られたファクス用紙。正確には、ファクスの印字が消えないように、コピーをして保管した数枚の紙が挟んであります。

書かれているのは、こんなメッセージです。

「私たち親子はいつも一緒にいて、私は母にいつも幸せでいてほしいと願い、その生活を守ってきました。だから、文章が出ることで、私の中にある母のイメージが無になることを見過ごすことができません。読者の求めているものを提供されたいお気持ちは理解できますが、どうぞもっとやさしく、単純で愛すべき人物である母の姿を表現してください」（一部抜粋）

これは私がかつてインタビューした、ある女性のお嬢様からいただいた文です。

私がお話を聞き、原稿としてまとめた文章を送った後、しばらくの沈黙の後に返ってきたファクスに、こう書かれてあったのです。

このファクスを受け取った時のショックはいまだに忘れられません。

インタビューをした相手は、本当に素敵な方でした。お会いする前から、「きっとこんな人で、こんなことを言ってくれるに違いない」と想像が膨らみ、ワクワクしていました。しかし、その期待がとてもよくない形で裏目に出ました。

私の聞く姿勢があまりに未熟で偏り、「こうあってほしい」というイメージにとらわれ、その型に引き寄せるように話を聞いてしまっていることに、私は気づいていませんでした。

恥ずかしながら、ご家族からの指摘を受けて、初めて自覚したのです。謝罪してやりとりを重ね、全面的に文章を書き直しました。

以後、この時の反省を忘れまいと、自分への戒めのためにメッセージを保管し、目にするたびに思い出すようにしています。

聞くことの難しさ、重みを痛感した出来事でした。それでもなお、私は聞くことに魅了され、人に話を聞く時間を重ねてきました。
経験するほどに、聞くことの価値を感じるからです。

「あなたにとって、インタビューとは？」

定期的に開催している勉強会の最後に、必ずゲストに聞いている質問です。

『ファクトフルネス』が100万部を突破した編集者の中川ヒロミさんによると、その答えは「世界の謎を解き明かすプロセス」。

「NewsPicks」創刊編集長で、PIVOTを創業した佐々木紀彦さんは、「日常であり、魔法」と答えました。

法政大学教授の田中研之輔さんは「相手への思いやりであり、自分の成長にもつながるギフト」と表現しました。

冒頭で紹介した『LISTEN』の監訳を手がけた篠田真貴子さんは、「インタビューとは知ることです」とシンプルにして深い言葉を。

作家で事業家の北野唯我さんは、インタビューの価値を「自分一人では到達できない世界に気づかせてくれること」なのだと教えてくれました。

出版社ディスカヴァー・トゥエンティワンを創業し、勝間和代さんなど時代を象徴する著者をプロデュースしてきた干場弓子さん（現BOW＆PARTNERS代表）は、「お互いが思ってもいなかった新しいものを一緒に創る場」と目を輝かせました。

あらためて、みなさんの定義を並べてみると、聞くことは外に開いたコミュニケーションであると同時に、〝内向き〟の営みでもあるのだと気づかされます。

私もまた、この本の中で繰り返し、「相手との信頼関係を大切に」と伝えてきました。聞くことはコミュニケーションであり、その結果、得られる関係性は宝物です。

しかしながら、聞くことの本当の喜びは、自分自身の変化や発見にあるのかもしれません。


何を聞き、何に心を動かされるのか。

なぜ、それを聞きたいと思うのか。

なぜ、その人に聞きたいのか。


他者の話を聞くことを通じて、私たちは自分自身にも聞いているのだと思います。

そして、誰かの話を聞くたびに、私たちの心の輪郭は変化を見せます。

水たまりに雫が注ぎ降れば、新たな波紋が生まれ、水たまりの形そのものも変わっていくように。

聞くことで、私たちは自分の心のありかを確かめることができ、昨日とは違う自分自身の変化を知ります。まるで手で触るように、「私は今日も生きている」と感じることができるのです。


聞くというコミュニケーションは、生身の人と人でしかできない心の交換。お互いの命を大切にできる関わり合い。

これからどんな時代が来ようとも、ずっと私たちの心と命を支えてくれるものだと信じています。


この本の完成まで根気強く支えてくださった編集者の日野なおみさん、私に光を当ててくださった西村創一朗さん、すばらしい装丁に仕上げてくださった小口翔平さんと三沢稜さん、講座や勉強会を熱心に盛り上げてくださっている受講生のみなさん、多忙にも関わらず温かいメッセージを寄せてくださった井手直行さん、篠田真貴子さん、中竹竜二さん、仲山進也さん、藤野英人さん、森山和彦さん、そして、日頃から私にインタビューの機会をくださるすべての方々に心より感謝いたします。

恩返しできるように精進します。

ではみなさま、今度お会いできる時に、ゆっくりとお話を聞かせてくださいね。

２０２１年秋

宮本恵理子

［著者］
宮本恵理子（みやもと・えりこ）
インタビュアー・ライター・編集者

1978年福岡県生まれ。筑波大学国際総合学類卒業後、日経ホーム出版社（現、日経BP）に入社し、『日経WOMAN』などの雑誌編集・取材執筆に携わる。2009年末にフリーランスとして活動を始め、主に「働き方」「生き方」「夫婦・家族関係」のテーマで人物インタビューを中心に執筆する。編集者として書籍、雑誌、ウェブコンテンツなども制作。主な著書に『大人はどうして働くの？』『子育て経営学』『新しい子育て』（日経BP）など。家族のための本づくりプロジェクト「家族製本」主宰。2021年夏より、佐々木紀彦氏が立ち上げた新会社PIVOTに、エグゼクティブ・ライターとして参画。

インタビュー＆ライティングを手がけた書籍は『14歳の自分に伝えたい「お金の話」』（藤野英人著・マガジンハウス）、『失敗を語ろう。』（辻庸介著・日経BP）、『Be Yourself』（川原卓巳著・ダイヤモンド社）、『ぜんぶ、すてれば』（中野善壽著・ディスカヴァー・トゥエンティワン）、『Third Way』（山口絵理子著・ディスカヴァー・トゥエンティワン）、『これだけで、幸せ』（小川糸著・講談社）、『ものがたりのあるものづくり』（山田敏夫著・日経BP）、『「組織のネコ」という働き方』（仲山進也著・翔泳社）、『ご機嫌剛爺 人生は、面白く楽しく！』（逢坂剛著・集英社）など。

インタビュー特化型ライティング講座「THE INTERVIEW」は10期を終え、受講生は100名超。ゲストを迎えるインタビュー勉強会も開催。

▶「THE INTERVIEW」https://the-interview.jp/

行列のできるインタビュアーの聞く技術
——相手の心をほぐすヒント88

2021年10月26日　第1刷発行

著　者——宮本恵理子
発行所——ダイヤモンド社
〒150-8409　東京都渋谷区神宮前6-12-17
https://www.diamond.co.jp/
電話／03･5778･7233（編集）　03･5778･7240（販売）

装丁･本文デザイン——小口翔平、三沢稜（tobufune）
DTP——河野真次（SCARECROW）
校正——聚珍社
製作進行——ダイヤモンド・グラフィック社
印刷——堀内印刷所（本文）・新藤慶昌堂（カバー）
製本——川島製本所
編集担当——日野なおみ

ISBN 978-4-478-11458-2